FABRICE D'ORSO

Bâtir une école *saine et épanouissante*

PRÉFACE DE PHILIPPE PELLETIER

EDITIONS PC

«C'est à l'école qu'il faut raccommoder la toile déchirée de notre monde et empêcher qu'on ne la déchire davantage» (*Sur le chemin des hommes,* Grasset 1959) ; ce propos de Jean Guéhenno, qu'on ne lit plus guère, éclaire bien l'esprit de cet ouvrage lumineux : notre désinvolture collective nous a trop longtemps conduits à négliger la qualité environnementale des établissements scolaires, souvent mal entretenus et où le bon air, le silence, la lumière manquent à l'appel. Il est grand temps en effet de prendre soin de nos enfants écoliers en faisant de l'école un lieu de vie où se réparent les défaillances de la société et se construit notre avenir commun.

Bâtir une école saine et épanouissante est donc le grand défi qu'il nous faut collectivement relever, vite et bien. Et cette voie de progrès est à notre portée, qui place l'école au centre du développement durable de toute société car c'est là, plus qu'ailleurs, que doivent se conjuguer le social (une école du vivre-ensemble), l'économique (une école accessible à tous) et l'écologique (une école saine et à faible empreinte environnementale).

Sur le terrain écologique qui est celui de l'ouvrage, l'auteur a raison de pointer l'essentiel, la bonne santé des écoliers ; Fabrice d'Orso aborde le sujet avec lucidité et de façon positive : oui, la situation actuelle n'est pas bonne, la qualité de l'air intérieur est souvent médiocre, les locaux sont bruyants, mal éclairés... mais les réponses existent, à notre portée et pas seulement dans les livres, puisque beaucoup de collectivités locales, qui ont la charge du patrimoine scolaire, ont su montrer la voie : le mérite de l'ouvrage est de fourmiller d'exemples qui rassurent, comme de représentations visuelles qui montrent le possible.

On peut relever à cet égard que la règlementation environnementale nouvelle vient heureusement renforcer la qualité énergétique des écoles de demain, réduire leur empreinte carbone, y améliorer le confort d'été et vérifier la performance des systèmes de ventilation. Au futur label d'aller plus loin en embarquant dans l'acte de construire la biodiversité, l'économie circulaire, l'eau, la mise en réseau du bâti, la qualité architecturale de l'ouvrage... ce qui conduit à s'intéresser, au-delà du bâti, à l'espace extérieur (la cour de récréation), aux abords urbains, aux mobilités, etc.

Et l'auteur dépasse avec raison le champ de la construction pour embrasser celui de la rénovation qu'il qualifie de «chantier pharaonique», car il nous faut rénover à grande échelle les lieux éducatifs existants : là encore, les solutions existent, qui mettent les écoliers au centre de la démarche, partant de leurs besoins pour définir non seulement les travaux à faire mais aussi les comportements à ajuster.

Ce livre est simple d'accès car il propose divers niveaux de lecture : le diagnostic, le remède, sa réalisation, son illustration ; on passe aisément d'un sujet à l'autre sans que jamais l'attention se relâche : n'est-ce pas là justement la bonne définition du livre d'école auquel nous aspirons tous !

Philippe Pelletier
président du Plan Bâtiment Durable

SOMMAIRE

L'école,
l'autre maison de nos enfants

Chaque matin en France, 6,7 millions d'élèves prennent le chemin de l'école primaire et maternelle. Le pays compte aussi 5,7 millions de collégiens et lycéens. Ce sont donc plus de 10 millions d'enfants et d'adolescents qui fréquentent assidûment près de 60 000 bâtiments scolaires répartis sur notre territoire. Ces journées bien remplies (environ 200 dans l'année) sont rythmées par les cours en salles de classe, le sport au gymnase, la pause de la cantine et les récréations. Par sa vocation mais aussi parce que nos enfants y passent une bonne partie de leur temps, l'école doit naturellement être l'un des enjeux prioritaires de toute collectivité soucieuse d'offrir un environnement de qualité à sa jeunesse. Comme le rappelle le Préambule de la Déclaration des droits des enfants, «l'humanité doit donner à l'enfant ce qu'elle a de meilleur».

L'école, qui est donc bien plus qu'un bâtiment éducatif, doit d'abord répondre à des besoins physiologiques essentiels. Comme nous le verrons dans la première partie, nos enfants doivent respirer un air sain à l'intérieur des classes ou dans les cours de récréation. Un air qui ne soit pollué ni par le $C0_2$ et les particules fines provenant de la circulation, ni par les composants organiques volatils et autres substances émises à l'intérieur même des locaux par les matériaux de construction ou de décoration. Les élèves, comme d'ailleurs les 900 000 enseignants qui exercent en France et le personnel périscolaire, doivent aussi être protégés du bruit qui peut avoir des conséquences graves sur la santé ou la qualité des apprentissages. Nombreuses sont aussi les études scientifiques qui montrent que les apports en lumière naturelle ont une influence sur la santé (réglage de l'horloge biologique, lutte contre la myopie), sur le bien-être et sur les apprentissages. D'autres travaux se focalisent sur le confort thermique : s'il est essentiel de garantir une température suffisante en hiver, les bâtiments ne doivent pas se transformer en étuve les derniers jours de juin. Cette problématique du confort d'été s'avère particulièrement complexe à l'heure où les réglementations thermiques poussent à concevoir des bâtiments plus étanches que ne l'étaient les nombreuses «passoires thermiques» construites avant 1974.

Tous ces besoins physiologiques essentiels sont aujourd'hui largement pris en compte par les concepteurs des nouveaux bâtiments scolaires, qui sont également bien plus vertueux d'un point de vue écologique : ils consomment moins d'énergie, émettent moins de gaz à effet de serre et réduisent leur bilan carbone en privilégiant des matériaux naturels, recyclables, prélevés si possible à proximité des chantiers. Mais ces bâtiments neufs ne constituent que la partie émergée de l'iceberg. Le parc scolaire français s'est constitué au fil du temps et reste hétéroclite : des écoles «Jules Ferry» en pierre datant de la fin du XIXe siècle côtoient les grandes structures en béton construites dans les années 50-60 ou les collèges préfabriqués de type Pailleron. Pour tous ces établissements, un travail de rénovation est doublement nécessaire afin de limiter l'impact sur le dérèglement climatique et d'améliorer l'accueil de notre jeunesse. L'occasion est belle de faire d'une pierre deux coups, à condition de s'en donner les moyens.

La deuxième partie de l'ouvrage interroge la créativité des architectes pour concevoir des établissements propices à l'épanouissement des élèves. Car la santé, dans son sens le plus large, suppose un bien-être physique, mental et social. Comment imaginer un cadre à la fois sécurisant et stimulant ? Comment structurer et organiser des espaces vivants dans le cadre de projets scolaires ultra-normés, souvent figés par les habitudes et les contraintes ? Quelles leçons tirer de la récente crise sanitaire ? Les établissements scolaires doivent-ils davantage s'ouvrir sur la ville et sur leur quartier ? N'est-il pas grand temps de faire pénétrer la nature dans ces univers souvent très minéraux ? Comment faire en sorte que les écoles, collèges et lycées soient suffisamment modulables, flexibles, pour s'adapter aux enjeux de demain ?

La dernière partie de l'ouvrage met en lumière un certain nombre de projets inspirants qui placent la santé et l'épanouissement des élèves au sommet des priorités. Des projets devenus réalités pour le plus grand bonheur des enfants et adolescents qu'ils accueillent chaque matin en France métropolitaine, sous les tropiques, au Danemark ou au Japon.

PARTIE 1

Mieux prendre en compte les besoins physiologiques essentiels

De l'air pur pour nos enfants !

En matière de qualité de l'air, l'école est encore loin d'être un sanctuaire. Elle est pourtant le lieu de vie le plus fréquenté par les enfants, juste après le logement.

Les plus jeunes – les six millions d'élèves scolarisés dans les écoles maternelles et élémentaires – sont particulièrement sensibles aux pollutions présentes, car leurs systèmes respiratoire et immunitaire sont encore en développement. Proportionnellement à leur masse corporelle, ils respirent plus d'air que les adultes. Dernier phénomène aggravant : à surface égale, une classe présente une densité quatre fois supérieure à celle d'un bureau, ce qui accentue la teneur en CO_2 et favorise la présence de micro-organismes et d'allergènes.

Une partie des polluants auxquels sont exposés les élèves et l'ensemble de la communauté scolaire provient de l'extérieur du bâtiment. C'est le cas quand les établissements sont implantés à proximité d'infrastructures routières passantes ou d'un secteur industriel. D'autres substances

◂ L'opération Paris Respire prévoit la fermeture à la circulation de certaines voies aux abords des écoles.

nocives sont émises à l'intérieur même des classes, des réfectoires, des gymnases ou des salles d'activités. On trouve parmi elles des polluants chimiques comme les Composés Organiques Volatils (COV) ou les aldéhydes qui émanent des matériaux de construction, du mobilier ou des produits d'entretien, mais aussi des polluants organiques comme les moisissures et allergènes d'acariens.

Cocktails de polluants

Même à faible dose, ces mélanges polluants risquent d'entraîner des conséquences néfastes sur la santé et sur le bien-être à court et à plus long terme : gêne, irritations, rhinites, allergies, asthme… Certaines substances présentes dans l'air ambiant sont même reconnues comme cancérogènes tels le benzène, les formaldéhydes, le radon ou l'amiante encore parfois présente dans les sols, les parois et plafonds d'établissements anciens. Des travaux scientifiques récents suspectent enfin certains composés semi-volatils d'agir comme perturbateurs endocriniens ou d'avoir un impact neurocomportemental.
Les recherches exploratoires se poursuivent pour mieux connaître l'effet combiné de ces polluants sur l'organisme. Mais on sait déjà que nombre de jeunes Français sont exposés de la crèche au lycée, de façon chronique et à de faibles concentrations, à des cocktails de polluants dont certains sont dangereux pour l'homme.

Que dit la réglementation ?

La loi portant engagement national pour l'environnement a rendu obligatoire la surveillance de la qualité de l'air dans certains établissements recevant un public sensible, notamment ceux accueillant des enfants.
La surveillance de la qualité de l'air intérieur est ainsi obligatoire dans les crèches, les école maternelles et élémentaires depuis le 1er janvier 2018. Dans les collèges et lycées depuis le 1er janvier 2020.
Les établissements doivent évaluer leurs moyens d'aération et mettre en œuvre, au choix, un plan d'actions réalisées à partir du bilan des pratiques observées ou une campagne de mesures par un organisme accrédité.
La gestion de la qualité de l'air intérieur peut s'avérer complexe dans les établissements scolaires, car les collectivités en charge de ces bâtiments et donc responsables de l'entretien des locaux n'ont pas toujours une vision claire de l'état des équipements. L'ADEME a donc conçu une « mallette » à destination des services techniques des communes pour les aider à réaliser un diagnostic simplifié (contrôles visuels essentiellement) des systèmes de ventilation en place.

Olivier Blond,
président de l'association Respire

« J'ai visité, il y a quelques années, une école de Pantin pour sensibiliser les élèves sur cette question de la qualité de l'air. Lorsque j'ai demandé " combien d'entre vous souffrent d'asthme ? ", un quart de la classe a levé le doigt ! Je me suis alors rendu compte que les fenêtres donnaient directement sur le boulevard périphérique... Ce fut le point de départ d'une vaste mobilisation. Nous avons organisé des manifestations de poussettes pour attirer l'attention, puis nous avons cartographié la qualité de l'air aux abords des écoles parisiennes pour rendre visible l'invisible. L'un des principaux enseignements de cette carte a été de pointer l'importance du niveau de pollution non seulement près des grands axes comme le Périphérique, mais aussi en plein centre de la capitale, là où on l'attendait moins. De nombreux médias ont publié cette carte. Nous avons été reçus à la mairie par Anne Hidalgo qui a décidé d'installer des capteurs dans 150 écoles parisiennes et de piétonniser les abords de 300 établissements scolaires. Mais la bataille est loin d'être gagnée. Nous savons désormais que les particules les plus fines émises par les moteurs essence de nouvelle génération peuvent, elles aussi, s'avérer fort nocives pour nos organismes. »

Les performances augmentent dans des salles bien ventilées.

D'autres travaux scientifiques ont établi un lien entre la qualité de l'air et les performances des élèves. Une étude danoise de 2007 montre qu'un doublement de la ventilation dans les salles de classe augmente les performances des enfants de 15 % (1). Une autre étude européenne (2) portant sur 800 enfants dans huit écoles indique que les scores des élèves aux tests de concentration diminuent lorsque les niveaux de CO_2 augmentent.
Plusieurs solutions permettent heureusement de limiter ces pollutions et leur

▲ Groupe scolaire et pôle petite enfance, Zac Cartoucherie à Toulouse (31)
Architecte : Véronique Joffre Architecture

impact. Il faut bien sûr commencer par les réduire à la source, quitte à évacuer les substances résiduelles en renouvelant l'air régulièrement. Ce renouvellement sera alors assuré par simple aération (en ouvrant les fenêtres) ou grâce à un système de ventilation naturelle ou mécanique. Dans bien des bâtiments scolaires, ces dispositifs de ventilation sont hélas inexistants, mal adaptés ou mal entretenus...
Ces dernières années, la recherche de l'efficacité énergétique s'est traduite par une nette amélioration de l'isolation thermique. Pour garantir une bonne qualité de l'air dans ces espaces de plus en plus hermétiques, le parfait fonctionnement des systèmes de ventilation devient primordial.

1. Wargocki & Wyon (2007) *The effect of moderatly raised classroom temperatures and classroom ventilation rate on the performance of schoolwork of children* (RP-1257), HVAC&R Research, 13 (2), 193-220.
2. Myhrvold, A.N., E. Olsen & O. Lauridsen 1996. *Indoor Environment in Schools – Pupil's Health & Performance in regard to CO_2 Concentrations. In Indoor Air '96.* The Seventh International Conference on Indoor Air Quality and Climate. Vol 4, 369-371.

Pour Céline Desportes, responsable Marché tertiaire chez France Air, la qualité de l'air est une problématique de santé publique qu'il faudrait davantage prendre en compte. Des solutions existent pourtant pour équiper les établissements scolaires.

Comment améliorer la qualité de l'air ?

Quelle analyse faites-vous de la situation actuelle ?

Les élèves passent 80 % du temps scolaire à l'intérieur, que ce soit en classe, en salle d'activité, dans les gymnases ou les réfectoires de cantine. Dans ces locaux, l'air est huit fois plus pollué qu'à l'extérieur. Les enfants - qui inhalent deux fois plus de polluants que les adultes - sont donc fortement exposés à des substances nocives qui engendrent fatigue, maux de tête, asthme, allergies et bien d'autres pathologies encore. Au-delà des risques encourus pour leur santé, cela nuit aussi à la qualité de leur concentration.

Cette question est-elle suffisamment prise en compte ?

La réglementation exige l'évaluation des moyens d'aération des établissements, ainsi que la mise en œuvre de plans d'actions à partir du bilan des pratiques observées ou après une campagne de mesure des polluants (1). Tous les bâtiments scolaires sont concernés depuis 2020.

Une étude menée par le CSTB montre malheureusement que les écoles qui respectent les débits préconisés sont rares. Le constat est alarmant : 41 % d'entre elles possèdent au moins une classe avec un indice de confinement très élevé.

Quelle solutions peuvent améliorer la qualité de l'air et préserver ainsi la santé des enfants ?

Une première barrière efficace est de filtrer les polluants extérieurs susceptibles de pénétrer dans le bâtiment, notamment ceux qui résultent du trafic routier. La norme NF ISO 16890 prévoit un classement de ces filtres en fonction de leur efficacité face à trois tailles de particules fines. Le choix s'effectuera à la lumière du niveau de pollution extérieure constaté et de la qualité d'air attendue à l'intérieur des locaux.

Il faut ensuite miser sur une installation de ventilation performante, en s'assurant de la bonne étanchéité des réseaux aérauliques et des équipements en place. La ventilation double flux est à privilégier car, en plus de récupérer les calories, elle offre une filtration de l'air entrant et elle peut être pilotée par des sondes de qualité de l'air installées dans les salles de classe (CO_2, COV, et particules fines). Certaines sondes vont jusqu'à tenir compte du profil des populations présentes dans la pièce : de l'allergie à certains composants, par exemple.

La ventilation double flux limite aussi le bruit, puisqu'il n'y a pas d'entrée d'air dans le volume. Elle s'avère idéale pour trouver le bon équilibre entre confort, qualité de l'air intérieur et facture énergétique.

Pour garantir un environnement sanitaire sécurisé, il est enfin préconisé d'associer un système de purification de l'air. Il existe des solutions peu coûteuses et particulièrement efficaces basées sur la technologie de plasma froid qui s'installent directement sur le système de ventilation, en amont de la centrale de traitement d'air. Cette technologie du plasma froid est un système naturel qui fonctionne 24/24 en présence humaine.

Comment expliquer qu'aussi peu d'établissements respectent les préconisations ?

La ventilation reste la grande oubliée des travaux de construction et de rénovation. Mais la crise sanitaire de la Covid-19 a mis en exergue l'importance de la qualité de l'air intérieur, du fait de la rapide propagation des virus en espace clos.

Comment rattraper le retard qu'accuse le milieu scolaire par rapport au tertiaire ?

Dans le tertiaire, le privé investit car le confort est devenu l'un des meilleurs moyens d'attirer et de fidéliser les talents. Dans le milieu scolaire, le diagnostic de qualité d'air propose deux alternatives : une check-list suivie par le responsable de l'établissement ou des mesures de qualité de l'air. Pour des raisons budgétaires et de simplicité, la première option est souvent choisie.

La crise sanitaire a boosté les solutions. Aujourd'hui, il en existe adaptées à tous les budgets. Il reste néanmoins à effectuer un travail de sensibilisation sur la nécessité d'améliorer la qualité de l'air. Le vaste plan Décret tertiaire est l'occasion de faire évoluer les choses.

France Air développe des solutions innovantes permettant de réduire les risques de contamination dans les salles de classe grâce à la neutralisation des gouttelettes infectées.

(1) ciblant notamment les formaldéhydes, le benzène et la teneur en CO_2.

Quand la lumière illumine l'apprentissage

Formes, couleurs, ombres, contrastes : 80 % des informations liées à l'apprentissage passent par la vue. Il est donc indispensable de concevoir un environnement lumineux propice et adapté dans nos écoles. Un cadre qui garantit la bonne vision de près ou de loin et qui préserve les capacités visuelles des élèves, car un éclairage insuffisant dans la salle de classe risque d'entraîner fatigue visuelle, maux de tête, mauvaises postures et baisse de la concentration.

Pour de nombreuses raisons, il est scientifiquement recommandé de privilégier la lumière naturelle (la lumière du jour) comme source principale. Une enquête de 2016 menée par l'UPMC (Université Pierre-et-Marie-Curie) et par l'INSERM (Institut national de la santé et de la recherche médicale) révèle que l'éclairage naturel a un impact majeur sur les performances : les élèves travaillant dans des salles dotées de plus grandes fenêtres obtiennent des résultats 15 % supérieurs aux tests de

◂ Un environnement baigné de lumière du jour favorise le bien-être et l'apprentissage.

mathématiques et de logique, en raison de l'abondance de lumière naturelle et d'une meilleure vue sur le monde extérieur (sentiment de confinement réduit).

Horloge biologique

Source de bien-être, la lumière naturelle diminue le stress, la fatigue et les risques de dépression saisonnière. Elle joue aussi un rôle majeur dans la synchronisation de l'horloge biologique interne qui est nichée dans notre hypothalamus. Nos yeux captent l'information lumineuse du soleil pour caler notre organisme sur le rythme circadien : un cycle de 24 heures lié aux mouvements de rotation de la Terre et aux variations lumineuses résultant de l'alternance jour/nuit. Une synchronisation optimale de l'horloge biologique favorise un bon sommeil nocturne et des performances intellectuelles maximales durant les cours. A contrario, l'exposition à une trop faible dose de lumière naturelle durant la journée peut entraîner la sécrétion de mélatonine, l'hormone qui régule le sommeil.

Pour que les classes puissent bénéficier d'une lumière naturelle diffuse tout au long de la journée et de l'année, les architectes veillent à bien orienter les bâtiments scolaires et prévoient de larges fenêtres. Au-delà de l'apport lumineux, cette ouverture sur l'extérieur connecte élèves et professeurs aux variations météorologiques, à l'évolution des saisons et à l'heure de la journée.

L'installation de stores opaques (souvent absents ou en mauvais état) s'avère indispensable pour éviter un éblouissement excessif, limiter les apports thermiques et réduire les problèmes de contraste quand la source lumineuse est située dans le champ de vision.

Là où il n'est pas possible de prévoir des ouvertures directes sur l'extérieur (halls, couloirs, escaliers...), les concepteurs peuvent aussi imaginer des puits de lumière. Pour améliorer le confort visuel et le bien-être des occupants tout au long de la journée, l'idéal est de privilégier toutes les sources de lumière naturelle qui entrent dans le

▾ Les architectes de l'école danoise de Sydhavnen ont prévu des puits de lumière pour amener le jour jusqu'au cœur de l'édifice.

▲ Les fenêtres de toit conjuguent deux avantages : elles laissent pénétrer davantage la lumière du jour et elles facilitent un renouvellement rapide de l'air vicié dans la classe comme ici, dans l'école maternelle de Marcey-les-Grèves (Manche).

bâtiment : la lumière diffuse et uniforme provenant d'ouvertures grandes et régulières, la lumière directe, la lumière zénithale provenant du plafond et la lumière réfléchie qui peut être redirigée dans l'espace intérieur. Un tel traitement permettra aussi de réaliser de belles économies d'énergie.

Architecte et enseignante en architecture à Caen, Camélia Alex-Letenneur a conçu le groupe scolaire Les trois chênes à Auvers, dans la Manche. Ce projet décline de grands volumes aux toitures orientées qui réinterprètent certains édifices ruraux de la région. La lumière naturelle abonde grâce à l'utilisation d'un système Velux intelligent. «*L'utilité est triple,* explique l'architecte. *Cette lumière zénithale apporte une touche de poésie à laquelle les enfants sont très sensibles. Ces Velux s'ouvrent aussi automatiquement pour aérer les pièces chaque fois que les sondes détectent une température trop élevée ou une trop forte concentration en* CO_2 *en classe ou dans les couloirs. Confort visuel, confort thermique et maintien de la qualité de l'air intérieur !*»

Éclairage artificiel modulable

La lumière naturelle s'avère hélas souvent insuffisante comme seule et unique source, notamment l'hiver dans certaines régions. Ces dernières années, les industriels de l'éclairage ont affiné leurs propositions en développant des solutions qui stimulent la concentration des élèves en reproduisant artificiellement l'intensité, la couleur et la longueur d'onde de la lumière naturelle. Il est même désormais possible d'organiser des variations dynamiques de l'éclairage afin que celui-ci se cale sur le rythme biologique. Ces systèmes LED intelligents font varier l'intensité de la lumière artificielle et les températures de couleurs en fonction du moment de la journée et de la quantité de lumière naturelle. On peut ainsi démarrer la journée avec une température de couleur élevée (forte composante bleue) et prévoir, à d'autres moments, un éclairage plus reposant.

Une véritable épidémie de myopie

La myopie (vision floue de loin) explose partout dans le monde. En Europe, jusqu'à 50 % des jeunes générations ont une mauvaise vision de loin. Ce pourcentage atteint même 80 % pour les jeunes asiatiques ! Les causes sont multiples, à la fois génétiques et environnementales. La lecture sur les petits écrans des téléphones et tablettes numériques est bien sûr pointée du doigt, mais des chercheurs ont également confirmé dans une récente étude publiée dans la revue *Nature Genetics* l'hypothèse selon laquelle le déficit de lumière naturelle serait un déclencheur important dans le développement de la myopie.

La lumière du jour serait donc nécessaire au bon développement de la vision de l'enfant. Pour cette raison, des pays comme Taïwan ont aménagé la scolarité en ajoutant du temps passé à l'extérieur.

Une récente étude menée par une équipe de chercheurs américains et chinois publiée dans la revue *JAMA Ophtalmology* a comparé des tests de vue réalisés avant et après le confinement des enfants chinois pour lutter contre l'épidémie de la Covid-19. Son résultat est sans appel : les enfants de 6 à 8 ans ont en moyenne perdu 0,3 dioptrie (l'unité de mesure de l'acuité visuelle) durant ces mois de repli et de recours intensif aux écrans.

VELUX contribue quotidiennement à la santé des élèves, à leur bien-être et à la qualité des apprentissages grâce à ses fenêtres de toit qui font largement pénétrer la lumière du jour et permettent d'aérer régulièrement les classes.

De la lumière et du bon air pour nos établissements scolaires

Depuis quand la société VELUX s'intéresse-t-elle aux bâtiments scolaires ?

Catherine Juillard, directrice des Bâtiments durables de VELUX France : Quasiment depuis sa création, il y a plus de 80 ans, par l'ingénieur danois Villum Kann Rasmussen. Le nom de la marque VELUX fait référence aux deux principaux bénéfices associés à nos fenêtres que sont la ventilation et la lumière. Notre concept breveté de fenêtre de toit à pivot étanche et performante fut développé durant la Seconde Guerre mondiale pour lutter contre le manque d'espaces habitables. L'idée était d'aménager les combles et greniers. Très tôt, des applications ont également vu le jour dans des écoles danoises.

Quel est l'impact de la lumière sur la santé des élèves ?

La lumière n'est pas seulement un indispensable matériau de créativité architecturale, elle est avant tout un bienfait pour la santé. La lumière naturelle améliore le confort visuel et de nombreuses études ont montré son importance pour l'équilibre de notre rythme circadien. Une bonne synchronisation de l'horloge biologique suppose une exposition à la lumière du jour et de l'obscurité, la nuit venue, pour bien aborder la séquence de sommeil.
L'apport de lumière naturelle est donc essentiel pour les plus de six millions d'écoliers qui passent en moyenne plus de six heures par jour dans des lieux clos. À ces bienfaits reconnus, il faut encore ajouter l'échappée visuelle vers l'extérieur que permettent les fenêtres : on évite le sentiment de confinement et cela permet de prendre conscience du temps qui passe ou de la succession des saisons.
D'autres recherches soulignent enfin l'incidence positive de l'exposition des élèves à la lumière naturelle sur leurs performances. Celle menée en 2016 par l'Université Pierre-et-Marie-Curie et l'INSERM révèle que les élèves travaillant dans une classe avec de grandes fenêtres obtiennent des résultats 15 % supérieurs dans leurs tests de mathématiques et de logique, par rapport à des élèves travaillant dans des pièces plus sombres.

L'autre contribution de VELUX concerne la qualité de l'air...

Les enfants sont plus sensibles que les adultes à la pollution de l'air. Il faut donc limiter au maximum leur exposition aux polluants d'où qu'ils proviennent. Pour garantir une bonne qualité de l'air intérieur, il faut commencer par concevoir des pièces de grand volume. Il faut aussi veiller à l'innocuité des matériaux utilisés et proscrire ceux qui émettent des substances nocives comme les composés organiques volatils. L'étiquetage des produits permet aujourd'hui d'y voir plus clair. Nos références de fenêtres VELUX sont classées A+.

Les classes doivent encore être équipées d'une ventilation mécanique de qualité. Les fenêtres de toit viennent compléter ce dispositif : elles permettent d'aérer plusieurs fois par jour pour éviter les pics de pollution. C'est un moyen efficace de renouveler l'air très rapidement.

Mais en aérant ainsi, ne risque-t-on pas de refroidir les pièces et donc d'indisposer les élèves, les professeurs, et aussi d'accroître la facture énergétique ?

Il suffit d'ouvrir les fenêtres pendant 10 minutes aux moments clés de la journée pour renouveler l'air intérieur et baisser la concentration en CO_2 et en COV. On peut le faire quand les enfants sont en récréation ou lors du nettoyage des locaux. L'aération régulière des locaux est aussi une solution efficace pour réduire la charge virale. C'est ce que préconisaient les médecins ou les autorités durant la pandémie de Covid-19.

Ces dernières années, VELUX a développé des systèmes intelligents de fenêtres motorisées à ouverture programmable. La dernière innovation VELUX ACTIVE with NETATMO permet de déclencher l'ouverture automatique des fenêtres en fonction de paramètres enregistrés par des capteurs mesurant l'hygrométrie, le taux de concentration de CO_2 et la température.

Ces technologies d'aération intelligente ont-elles fait l'objet d'expérimentations dans des établissements scolaires ?

Oui, une première expérience pilote a permis de tester la complémentarité entre ventilation mécanique et aération naturelle dans une école normande située dans la Manche, à Marcey-les-Grèves (photo page 18). L'ouverture automatique des fenêtres de toit s'est avérée efficace pour éviter les pics de pollution et les déperditions énergétiques étaient minimes. À l'école primaire Marie-Curie de Saint-Germain-en-Laye, dans les Yvelines, des séquences d'aération naturelle de 15 minutes programmées lors des récréations et des pauses ont réduit jusqu'à 25 % le nombre d'heures de classe passées au-dessus du seuil critique de 1 000 ppm de CO_2. L'exposition aux COV était également réduite.

Enfin, le groupe scolaire d'Auvers, dans la Manche, s'est doté en 2019 d'un système intelligent d'ouverture des fenêtres de toit, devenant l'une des premières écoles françaises à pouvoir réguler la qualité de l'air intérieur des salles de classe sans intervention des enseignants.

Moins de bruit, on ne s'entend plus !

Si la stridence de la craie sur le tableau noir n'est qu'un vague souvenir pour les plus âgés, l'univers scolaire reste associé à des sonorités familières : brouhaha des élèves, raclement des chaises, sonnerie soudaine de la récréation... Ces bruits font partie du quotidien des élèves comme des professeurs.

Comme tout phénomène vibratoire, le bruit se caractérise d'abord par une intensité qui se mesure en décibels (dB). L'OMS recommande dans les classes un niveau sonore de 35 dB en LAeq (niveau sonore moyen sur une période déterminée), seuil au-delà duquel des difficultés d'intelligibilité de la parole, d'extraction de l'information ou de communication peuvent apparaître. En pratique, bien des classes dépassent ce niveau, notamment dans les établissements scolaires édifiés avant 1995, date des premières réglementations acoustiques. Le bruit se caractérise ensuite par une fréquence – mesurée en hertz (Hz) – qui correspond au nombre de vibrations par seconde émises par la source. Pour l'oreille, un son aigu (fréquence haute) est géné-

◂ Bien des classes dépassent le niveau sonore préconisé par l'OMS.

ralement plus perturbant ou dangereux qu'un son grave. Le troisième et dernier paramètre à prendre en compte est la durée d'exposition au bruit.

Intensité, fréquence et durée des sons influent donc sur la santé, le bien-être physique, mental et social des enfants comme des enseignants. L'organisme interprète le bruit comme un signal de danger, ce qui provoque un déséquilibre : le cœur s'emballe, la tension monte, la digestion ralentit et le stress augmente.

Il faut enfin savoir que, face à ce risque, nous ne sommes pas égaux : nombreux sont les facteurs individuels, socio-culturels et contextuels qui modulent la réaction des uns et des autres à un même bruit.

Performances en baisse, professeurs en stress

Plusieurs études ont montré une baisse de performances scolaires des enfants exposés au bruit. Les scientifiques pointent des retards dans la mémorisation, dans l'acquisition du vocabulaire, du langage et de la lecture. Les jeunes enfants ne maîtrisent pas suffisamment la grammaire pour être capables de reconstruire mentalement une phrase dont certains mots sont masqués par le bruit. En altérant la qualité des échanges, le bruit engendre une réaction en chaîne qui peut conduire à l'échec scolaire : perte de compréhension, baisse de la participation, démotivation, fatigue, agitation et parfois même agressivité.

Face au bruit et à ses conséquences néfastes, c'est l'ensemble de la communauté scolaire qui se trouve en première ligne. Selon une enquête menée par le syndicat SE-Unsa en 2018, 46 % des enseignants interrogés ont régulièrement des problèmes de voix, 32 % rencontrent des problèmes d'audition et 78 % considèrent le bruit comme la situation la plus stressante à laquelle ils ont à faire face. Ces chiffres sont plus préoccupants encore pour les enseignants d'EPS confrontés à des niveaux sonores élevés dans les gymnases ou les piscines.

Quel vacarme cette cantine !

Couteaux, fourchettes et assiettes qui s'entrechoquent, crissements de chaises, discussions vives… Les élèves et le personnel sont exposés à un chahut assourdissant dans la plupart des cantines, alors que la pause méridienne devrait être un moment de ressourcement.

Les réfectoires sont souvent de grands volumes mal insonorisés, conçus avec des matériaux lisses et durs, certes faciles à entretenir mais qui favorisent la réverbération. Il n'est pas rare que le niveau sonore se situe entre 70 et 85 dB, avec des pointes à 90 dB. On se rapproche alors de l'ambiance d'un atelier industriel…

Les conséquences du bruit se font ressentir à court terme : nombre d'enseignants rentrent à la maison avec des bourdonnements dans les oreilles et des maux de tête. Elles peuvent aussi avoir des répercussions insidieuses à plus long terme : problèmes de sommeil, stress, épuisement, burn-out, tension artérielle, irritabilité...

Il n'est pas rare, enfin, que l'exposition au bruit entraîne chez les enseignants une détérioration du timbre de la voix. À force de s'égosiller pour se faire entendre, celle-ci devient rauque, cassée. C'est ce que l'on appelle l'effet cocktail.

L'acoustique comme priorité ?

«À l'école, la pédagogie repose sur la parole et la qualité d'écoute, analyse Michel Drouin, directeur du CIDB (1) (Centre d'information du bruit). *L'acoustique devrait donc être la priorité absolue pour les concepteurs d'établissements scolaires, comme elle l'est lorsqu'on réalise des cinémas, des théâtres, des auditoriums ou des salles de concert. C'est hélas loin d'être le cas ! Le bruit est une pollution diffuse dont on ne mesure pas toujours les nuisances. Les maîtres d'ouvrage, urbanistes et architectes n'accordent pas suffisamment d'importance à ces problématiques. Le bruit passe loin derrière d'autres considérations telles que la sécurité ou le confort thermique.»*

Pour favoriser un environnement propice aux apprentissages, il faudrait éviter de programmer de nouvelles écoles dans des secteurs bruyants : sur des parcelles jouxtant des infrastructures routières ou ferroviaires passantes, par exemple. Quelques projets se sont heurtés à un refus de permis de construire pour raisons acoustiques, mais ces cas restent rarissimes.

En raison d'une conception bâclée, beaucoup de bâtiments – et pas seulement ceux construits avant 1995 – réverbèrent les sons et amplifient les bruits. Dans les maternelles notamment, enfants et enseignants sont souvent exposés à des niveaux dépassant les 80 dB dans les réfectoires, sous les préaux couverts et même dans certaines classes. Rappelons que dans le monde de l'entreprise, les salariés portent un casque de protection sur les oreilles au-delà de 85 dB...

Laurianne Rossi,

députée LREM des Hauts-de-Seine et présidente du Conseil National du Bruit

« Longtemps mis de côté sur les plans environnemental et sanitaire, le bruit est une véritable problématique de santé publique. Les chiffres concernant les pathologies liées à l'exposition au bruit sont alarmants et représentent un coût important pour la société. Même si des efforts ont été réalisés, encore trop d'établissements scolaires ne respectent pas les préconisations et exposent nos enfants à des niveaux sonores élevés. Beaucoup d'études démontrent pourtant l'incidence négative du bruit sur la qualité des apprentissages. Même durant les pauses, nos enfants ont du mal à récupérer : les préaux et les réfectoires de cantine sont souvent extrêmement bruyants. »

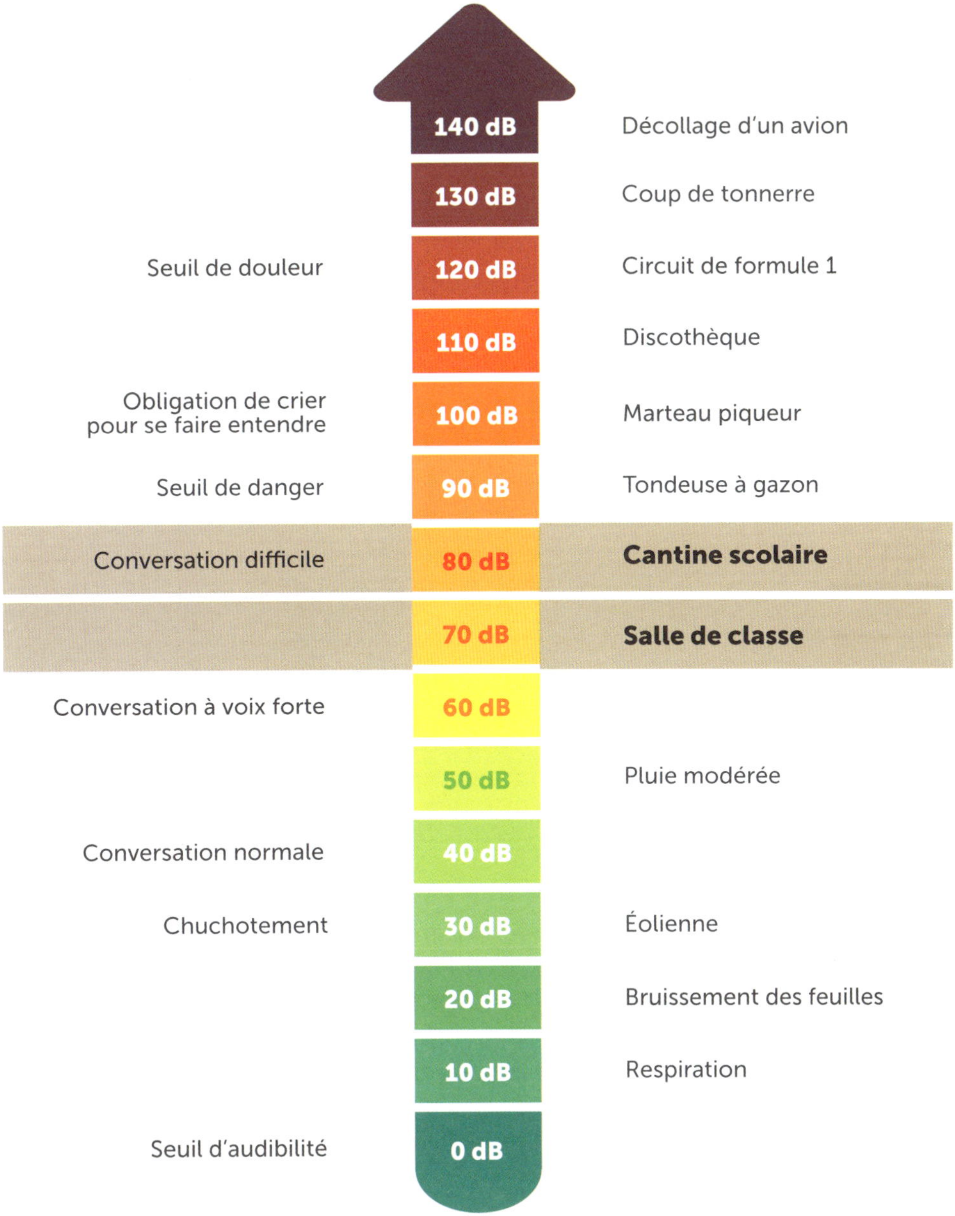

Illustration : échelle du bruit

◂ Comme ici au Danemark, les architectes peuvent jouer sur les volumes et les matériaux pour réduire les nuisances sonores dans les réfectoires.

Jouer sur les volumes

Qu'il s'agisse de constructions neuves ou de rénovations, des solutions existent pourtant. En phase de conception, les architectes doivent jouer sur les volumes et optimiser leur plan de masse en tenant compte du paramètre bruit : l'implantation des bâtiments et la géométrie des locaux ont une incidence sur la future ambiance sonore.

Ensuite, mieux vaut bannir les grandes surfaces réfléchissantes qui favorisent les phénomènes d'écho. Dans les salles de classe, les réfectoires de cantine ou les gymnases, parois et plafonds peuvent intégrer des matériaux d'isolation phonique (laines minérales ou naturelles, mousses synthétiques). Il faut aussi penser à réduire les bruits à la source en misant sur des installations de chauffage ou de ventilation silencieuses.

S'il est toujours préférable d'investir dès la conception (les corrections sont moins efficaces et plus onéreuses), des travaux de rénovation peuvent améliorer l'existant. On peut réduire la transmission des bruits d'une salle à l'autre et/ou corriger l'acoustique pour limiter la réverbération à l'intérieur même d'un local.

L'effort annoncé pour améliorer l'efficacité énergétique des bâtiments scolaires pourrait être l'occasion de faire coup double en traitant aussi l'acoustique. D'autant que ces deux problématiques sont souvent liées.

1. Pour en savoir plus sur la problématique du bruit, le site internet du CIDB (www.bruit.fr) est une mine d'informations.

On a tous en mémoire ces heures de cours matinales passées à souffler sur ses doigts pour les réchauffer, la classe qui vire à l'étuve avec les premiers soleils de juin ou le souvenir d'un professeur montant dans les aigus pour couvrir les bruits extérieurs... Heureusement, les temps changent et les professionnels revoient leur copie, **à l'image d'ACTIS, expert en solutions d'isolation à haute valeur ajoutée.**

Isolation des bâtiments scolaires : de gros progrès en vue !

Fabricant français, ACTIS est l'inventeur de l'isolant réflecteur alvéolaire HYBRIS, produit breveté dont la technologie «en nid d'abeilles» exploite les qualités isolantes naturelles de l'air pour des performances thermiques, acoustiques et de durabilité inégalées. Étudier, c'est passer de longues heures immobile, confiné entre quatre murs. Comment rester concentré quand la température dépasse 26 °C ? Et quand les frimas de l'hiver arrivent, comment résister à l'appel du radiateur au fond de la classe ? Parce que le **confort thermique** des locaux contribue au bon apprentissage, il est de la responsabilité des maîtres d'ouvrage et des prescripteurs de sélectionner les meilleurs isolants, en construction neuve comme en rénovation. Grâce à ses performances élevées, HYBRIS garantit un confort thermique optimal tout au long de l'année scolaire. Pour les établissements, c'est aussi l'assurance de réduire leurs dépenses en énergie et donc de maîtriser leurs coûts de fonctionnement.

L'**isolation phonique** est l'autre enjeu crucial dans l'enseignement. Le silence favorise la concentration et une ambiance studieuse. À l'inverse, des classes mal isolées, soumises aux bruits extérieurs, nuisent au bon déroulement des cours. Les espaces communs sont aussi concernés : le bruit assourdissant dans les restaurants scolaires, les couloirs ou halls qui résonnent, sont autant de sources de stress et de fatigue.

«Au point de vue technique, tout l'enjeu est d'absorber l'onde sonore pour diminuer son amplitude», explique Thomas Thierry, directeur de la Prescription chez ACTIS. Mieux vaut alors privilégier un matériau souple qui absorbe les ondes acoustiques tout en restant étanche à l'air. La porosité du matériau joue également un rôle essentiel : les frottements de l'air dans les porosités favorisent la dissipation de l'énergie acoustique, tandis que les «pièges à sons» évitent la réverbération. Enfin, l'absence de liaisons directes entre les parements extérieurs et intérieurs de finition empêche le passage des ondes. Toutes ces qualités font de la technologie alvéolaire HYBRIS l'un des meilleurs choix du marché.

Plus personne n'ignore les méfaits de la pollution intérieure sur la santé. Les composés organiques volatils (COV), qui entrent dans la composition de nombreux produits courants et se diffusent dans l'air ambiant, peuvent avoir des effets très nocifs. Ils contribuent par ailleurs à la formation des gaz à ef-

Réfectoire de cantine de l'école Les Canonges de Pamiers. Un projet qui met en œuvre l'isolant réflecteur alvéolaire HYBRIS d'Actis.

fet de serre, c'est pourquoi de plus en plus d'industriels s'engagent à les éliminer. Avec HYBRIS, isolant irréprochable pour la **qualité de l'air**, ACTIS se montre bon élève en la matière. Sans polluants ni COV, il ne dégage ni particules irritantes, ni poussières, que ce soit durant la pose ou après.

Diminuer l'impact des bâtiments sur le climat n'est plus une option ! Anticipant les exigences de la RE2020, HYBRIS affiche un **bilan environnemental exceptionnel**. La fabrication de ce produit éco-conçu ne nécessite que très peu de matière première (1,87 kg/m^2). Le process est encadré par une démarche QSE exigeante, incluant la sélection rigoureuse des matières premières, l'optimisation de la production avec 100 % de chutes réutilisées et le tri sélectif des déchets. Grâce à ses alvéoles remplies d'air, HYBRIS est compactable, résilient et très léger, ce qui réduit l'impact du transport. Cet isolant affiche une empreinte carbone très faible : 2,39 CO_2/m^2 pour 105 mm ! La conception d'HYBRIS anticipe aussi sa fin de vie, puisque cet isolant est recyclable à l'infini ! Pur produit de l'économie circulaire, il a obtenu la certification Cradle to Cradle® (C2C), qui permet à ACTIS de se hisser au tableau d'honneur des experts en isolation durable.

Nicolas Tocrault,

agence Tocrault & Dupuis Architectes

« Nous avons utilisé HYBRIS pour isoler la cuisine et le réfectoire de l'école élémentaire Les Canonges de Pamiers, en Ariège, dans le cadre d'un projet d'extension/rénovation. Cette solution nous a séduit pour ses hautes performances thermiques et acoustiques mais aussi pour son exceptionnel bilan carbone. Ce matériaux éco-conçu, recyclable à 100 % est produit dans une usine proche du chantier. Comme il est très léger et compressible, le transport génère peu de CO_2. Conçu sans COV ni fibres irritantes, il garantit aussi une bonne qualité de l'air intérieur, ce qui est essentiel pour les élèves, les professeurs mais aussi pour les artisans qui en effectuent la pose. »

Ni trop chaud, ni trop froid

Fermeture des écoles, des collèges et des lycées, annulation des épreuves nationales du Brevet : on se souvient tous de la canicule de fin juin 2019. La santé des enfants avait été largement éprouvée dans des locaux rendus irrespirables par l'accumulation de chaleur (plus de 34 °C en Île-de-France), la mauvaise isolation et le manque de ventilation. Plusieurs malaises, certains entraînant des hospitalisations, avaient conduit à l'arrêt momentané des cours.

Provoqués par le dérèglement climatique, ces épisodes de fortes chaleurs et de canicules seront de plus en plus fréquents et de plus en plus intenses. La problématique du confort d'été est heureusement désormais prise en compte par les architectes qui conçoivent de nouveaux établissements scolaires agréables à vivre, été comme hiver, et sous toutes les latitudes (de Mayotte à Besançon).

S'il est impératif de s'adapter aux conséquences du dérèglement climatique, il

◂ Institut de Formation en Soins infirmiers de Béziers : pose de l'isolant réflecteur alvéolaire HYBRIS développé par ACTIS pour un excellent confort hiver comme été.

Trop de chaleur nuit aux apprentissages

Les enfants représentent une population vulnérable à la chaleur. Les élèves de maternelle, en particulier, n'ont pas encore développé les capacités nécessaires pour réguler leur température corporelle et leur adaptation comportementale reste limitée. Si une étude danoise fixe à 22 °C la température idéale pour un travail sédentaire au bureau, d'autres travaux proposent des fourchettes généralement situées entre 20 et 25 °C. Une équipe américaine (Harvard T.H Chan School of Public Health) a mené à Boston une expérience sur de jeunes adultes. Chaque jour durant trois semaines, ces derniers ont passé des tests de fonctionnement cognitif, alors qu'une vague de chaleur s'abattait sur la région. Les scientifiques ont alors pu mesurer un ralentissement du temps de réaction lorsqu'il fait chaud. Selon les chercheurs, les données recueillies *« soulignent l'importance des mesures visant à adapter la température ambiante, afin de préserver la capacité d'apprentissage »*.

est surtout urgent d'en limiter les causes en réduisant au maximum les émissions de CO_2. Pour cela, il faut poursuivre le chantier de rénovation du parc des anciens établissements scolaires, qui compte une multitude de passoires énergétiques construites avant 1974, date des premières réglementations thermiques. La tâche est pharaonique mais le bénéfice est triple : il est ici question de la santé et du bien-être des élèves, d'économies substantielles pour les collectivités territoriales qui gèrent ces bâtiments (les écoles représentent 30 % de la consommation énergétique des communes) et de l'avenir de notre planète.

Des écoles agréables en toutes saisons

Avant d'évoquer ce lourd dossier de la rénovation des bâtiments existants, saluons les progrès considérables réalisés lors de la dernière décennie. Depuis que les réglementations thermiques fixent un horizon toujours plus contraignant, les performances ne cessent de progresser. L'exigence de certains maîtres d'ouvrage conjuguée au savoir-faire des équipes de maîtrise d'œuvre permet parfois d'aller bien au-delà de ce qu'exige la réglementation.
Réalisée par l'Atelier d-Form de Soultzbach-les-Bains, la nouvelle école élémentaire de Burnhaupt-le-Haut (Haut-Rhin) fut la toute première école à énergie positive construite en Alsace et la seconde en France. Dès son inauguration, en 2012, elle répondait aux exigeants standards de la maison passive et consommait moins de 15 kW/m^2/an. D'emblée, l'architecte Thomas Weulersse a conçu un bâtiment compact, de plain-pied, utilisant largement le bois comme

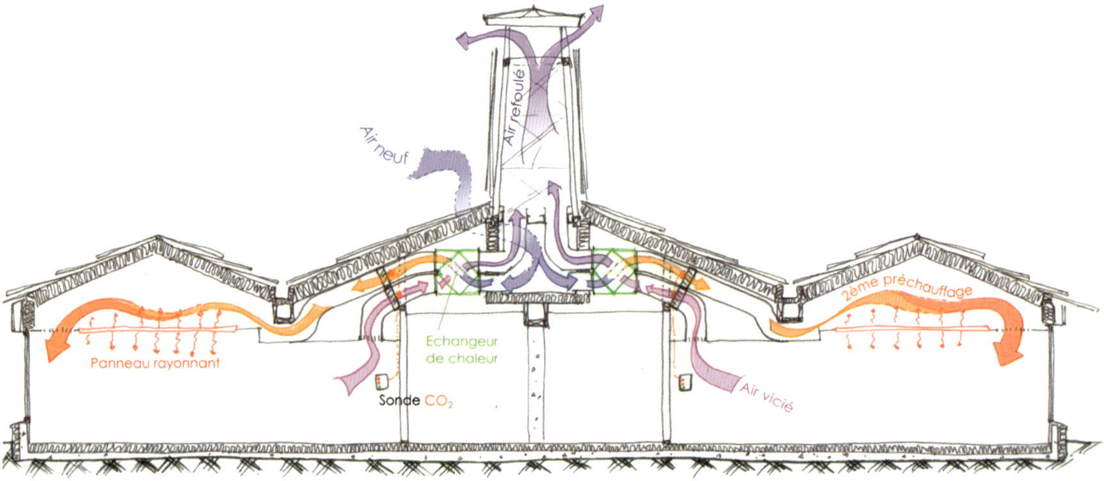

▲ L'école des Boutours met en œuvre un concept révolutionnaire de ventilation naturelle utilisant des tours à vent en toiture.

matériau. Triple vitrage, isolation en laines de cellulose et de bois, bardage en terre cuite : tout a été mis en œuvre pour limiter la consommation d'énergie. Le chauffage est assuré par trois sources : le soleil (la façade sud est composée à 85 % de grandes baies vitrées), une petite chaudière bois qui alimente, en cas de besoin, deux radiateurs situés dans les couloirs et... les occupants de l'école. Selon sa taille, un enfant produit en effet entre 70 et 80 kW en continu. La production d'électricité est quant à elle assurée par 280 m² de panneaux photovoltaïques. Le coût global de ce projet vertueux (1,8M d'euros) n'est pas plus élevé que pour une école conventionnelle.

L'école élémentaire des Boutours, à Rosny-sous-Bois, en Seine-Saint-Denis, est un autre exemple de conception avant-gardiste et frugale permettant d'atteindre de hautes performances énergétiques. La ville est ici maître d'ouvrage et maître d'œuvre, puisqu'elle emploie trois architectes à temps plein et deux ingénieurs (structure et thermicien) à mi-temps. Cette équipe a réalisé un ensemble de bâtiments étanches, à l'empreinte environnementale réduite, en recourant à des choix techniques simples et efficaces, et en utilisant des matériaux issus du recyclage ou produits en Île-de-France.

L'une des originalités de l'école réside dans son système de ventilation naturelle à double flux utilisant d'étonnantes tours à vent. L'air neuf froid qui entre dans la tour est réchauffé par l'air qui sort des classes. Il suffit juste de chauffer un peu le matin en hiver, avant l'arrivée des enfants. En toutes saisons, les températures sont parfaitement maîtrisées grâce à cette ventilation naturelle : l'école affiche 23 °C en été et, lors des périodes de froid hivernales, les classes conservent une température qui oscille entre 20 et 21 °C.

Le chantier pharaonique de la rénovation

Si ces nouvelles écoles s'illustrent par leur frugalité et une meilleure prise en compte du confort, l'effort doit impérativement porter sur le parc existant qui est la partie immergée de l'iceberg. Ce parc est vétuste et hétéroclite : le diagnostic diffère forcément selon que l'on envisage la rénovation d'un établissement «Jules Ferry» construit en pierres de taille à la fin du XIXe siècle, d'une école en briques des années 30 ou d'un bâtiment en béton armé des Trente Glorieuses. Parmi les nombreuses améliorations possibles, citons la révision de l'isolation et de l'enveloppe, la transformation du mode de chauffage, la pause de brise-soleil, l'installation de double vitrage ou de capteurs permettant de mieux réguler la température intérieure en fonction du taux d'occupation des locaux.

Quel que soit le mode de construction, le chantier est colossal et les perspectives d'amélioration considérables. *«Avec 130 millions de m^2, les bâtiments éducatifs représentent une part prépondérante du patrimoine immobilier des collectivités territoriales»,* rappellent Christian Hackel et Maud Saimpert, auteurs du livre *Rénovons les écoles, changeons de logiciel !* (1). *«Si l'on considère leur consommation moyenne de l'ordre de 135 kWh/m^2/an, l'ensemble du parc représente une consommation globale d'environ 18 TWh, soit l'équivalent de la production annuelle de trois réacteurs nucléaires ou de la consommation de 1,2 million de ménages !».*

▲ Extension/rénovation de l'Institut de Formation en Soins Infirmiers de Béziers.

Pour le Plan Bâtiment Durable, qui s'est largement saisi de cette problématique, il serait réducteur de se focaliser sur la seule réduction des consommations énergétiques. La rénovation thermique des établissements scolaires est une opportunité unique pour améliorer du même coup l'acoustique, les apports de lumière et la qualité de l'air intérieur. Engager la transformation technique de ces bâtiments vers plus d'efficience environnementale est aussi l'occasion de questionner la valeur d'usage de l'école.

1. *Rénovons les écoles, changeons de logiciel !*, Christian Hackel et Maud Saimpert, préface de Philippe Pelletier, Édition PC, janvier 2021.

Qu'il s'agisse d'équiper des bâtiments scolaires neufs ou de rénover le parc existant, les solutions gaz présentent de nombreux avantages en termes d'efficacité, de confort et de coût **comme l'explique Pierre Murie, responsable Efficacité Énergétique CEGIBAT GRDF.**

Le gaz, une bonne option en construction comme en rénovation

Les solutions gaz sont-elles compatibles avec les nouvelles exigences en matière de sobriété énergétique inscrites dans la réglementation RE2020 ?

Le passage de la RT2012 à la RE2020 fait effectivement franchir un nouveau cap. Cette réglementation renforce la performance énergétique des bâtiments scolaires et limite leur impact environnemental durant la phase de construction mais aussi lors de leur utilisation. Du point de vue des choix constructifs, les architectes pourraient se tourner vers des matériaux biosourcés qui, comme le bois, présentent un faible impact carbone. Quant à l'isolation des bâtiments scolaires de nouvelle génération, elle va encore s'améliorer pour réduire la consommation d'énergie à ce qui est strictement nécessaire.

D'après les investigations menées par divers bureaux d'études que nous avons sollicités, les solutions gaz traditionnelles sont parfaitement compatibles avec les nouvelles exigences réglementaires. GRDF se positionne aussi pour que la reconnaissance du biométhane, énergie renouvelable faiblement émettrice de gaz à effet de serre, soit reconnue en RE2020. À ce jour, les discussions avec les pouvoirs publics sont ouvertes et en cours.

Quel intérêt peuvent présenter ces solutions gaz pour les occupants des locaux et pour leurs gestionnaires ?

L'un des principaux avantages de ces solutions qui fonctionnent avec un vecteur eau alimentant des radiateurs basse température est le très bon appel de puissance. Quand il fait soudainement froid, il est possible de chauffer rapidement de grands volumes quelles que soient les conditions extérieures. C'est un véritable plus en matière de confort pour les élèves et les professeurs.

L'autre avantage est financier : dans la majorité des projets, le gaz est la solution la moins onéreuse en termes d'investissement lors de l'installation mais aussi par la suite, en phase de maintenance. Enfin, la chaudière gaz reste le système le plus mature, donc le plus facile à entretenir. On s'expose moins à des risques de panne, ce qui aurait des conséquences fâcheuses dans un bâtiment qui accueille des élèves en plein hiver.

▲ Rénovation énergétique du groupe scolaire Ampère à Grenoble.

La grande majorité du parc est constituée de bâtiments scolaires anciens. Le gaz est-il aussi une solution intéressante en rénovation ?

Oui, parfaitement. En remplaçant une ancienne chaudière fonctionnant au fioul ou au gaz par une chaudière gaz à condensation de nouvelle génération dont le rendement avoisine les 95 %, on améliore sensiblement les performances énergétiques du bâtiment. Entré en vigueur en octobre 2019, le décret tertiaire oblige les propriétaires de bâtiments scolaires de plus de 1000 m² à engager des actions pour réduire leur consommation d'énergie de 40 % d'ici 2030 et jusqu'à 60 % avant 2050. Le bureau d'études ADRET a récemment mené une investigation pour voir comment les solutions gaz se comportaient au regard de cet objectif de 60 % à l'horizon 2050. Les conclusions montrent que cette source d'énergie tire parfaitement son épingle du jeu face à des solutions concurrentes. Cette étude portait sur la rénovation d'un groupe scolaire de près de 2400 m² construit dans les années 1960 composé d'une maternelle, d'une école élémentaire et d'un espace de restauration. Pour cet établissement représentatif du parc existant, la chaudière gaz à condensation s'avère la solution. L'important dans ce type de projet est de mener une réflexion sur la globalité du bâtiment et de prévoir l'échelonnage des travaux sur le bâti et les systèmes pour qu'ils puissent être mis en œuvre de manière cohérente, en optimisant la performance énergétique et environnementale du bâtiment.

Un dernier mot sur le confort d'été : le gaz est-il concerné ?

Ce sont surtout les architectes qui, dès la phase de conception, cherchent à éviter tout risque de surchauffe en orientant au mieux les bâtiments, en prévoyant des brise-soleil. Cela dit, dans des régions comme le Sud-Est parfois soumises à de fortes chaleurs, on peut avoir besoin d'un complément pour rafraîchir les locaux. Dans ce cas, un rooftop adiabatique peut aider à rafraîchir l'air par phénomène d'évaporation. Le delta de température entre l'air extérieur et l'ambiance ressentie dans les classes peut alors atteindre 6 à 7 °C. Autre avantage : l'énergie consommée en mode rafraîchissement est fortement réduite par rapport à une climatisation réversible classique.

Grâce à la solution Vertuoz d'ENGIE Solutions associée à des objets connectés, il est possible de piloter plus finement les installations de chauffage d'un établissement scolaire. Une école élémentaire de Limoges a expérimenté ce dispositif avec succès pour offrir aux élèves et enseignants un confort thermique optimal, tout en réduisant sensiblement sa consommation énergétique, ses factures et son impact environnemental.

La bonne quantité d'énergie au bon endroit et au bon moment

Avec ses 16 salles, 1700 m^2 à chauffer, sa trentaine de radiateurs et un taux d'occupation extrêmement variable en fonction des heures de la journée et des jours de la semaine, l'école élémentaire Aristide Beslais est un bâtiment scolaire typique des années 70 tout à fait représentatif du parc immobilier de la ville de Limoges. « *Nous étions à la recherche d'une solution intelligente susceptible de garantir un bon confort thermique dans chacune des pièces de cette école tout en réduisant sensiblement la consommation globale d'énergie,* explique Sylvain Pasquet, chargé de mission Performance énergétique à la Ville de Limoges. *Cette école est bâtie sur deux étages mais seules trois classes sur six sont régulièrement utilisées. Les locaux situés au rez-de-chaussée accueillent des activités dans les temps périscolaires, ainsi qu'une association qui fonctionne selon ses propres horaires. Notre souhait était donc de chauffer uniquement quand cela est nécessaire, c'est-à-dire lorsque les pièces sont effectivement occupées.* »

Consulté par la Ville de Limoges, ENGIE Solutions a préconisé l'installation de sa solution digitale Vertuoz reposant sur l'association d'un certain nombre d'objets connectés. Des sondes de présence et de température ont ainsi été placées dans chaque pièce de l'école. Les robinets des radiateurs ont quant à eux été équipés de moteurs de vannes qui permettent de les ouvrir ou de les fermer automatiquement en fonction de la présence ou non d'occupants. Le réglage de la température ambiante dans chaque partie du bâtiment respecte ainsi un planning d'occupation renseigné par le gestionnaire du bâtiment, qui est accessible grâce à un ordinateur ou un smartphone. Cette solution intelligente pilote la chaudière du bâtiment grâce à l'installation d'un optimisateur de relance qui calcule en temps réel le besoin de chauffage.

« Grâce à Vertuoz, la bonne quantité d'énergie est envoyée au bon endroit, au bon moment, ce qui évite le gaspillage », apprécie Sylvain Pasquet, qui estime que cette solution a permis de réduire par deux la consommation d'énergie du bâtiment tout en assurant un même confort thermique avec une température constante de 19 °C dans toutes les pièces de l'établissement. Vu les économies réalisées, le retour d'investissement est très rapide : un peu plus d'un an et demi dans le cas de l'école élémentaire Aristide Beslais. Cette technologie pilotée par radio a aussi l'avantage de pouvoir s'adapter à l'installation de chauffage existante sans gros travaux et elle ne nécessite pas de maintenance importante. Pour toutes ces raisons, la Ville de Limoges envisage de déployer Vertuoz dans d'autres bâtiments anciens constituant son patrimoine communal : des bâtiments scolaires mais aussi quelques EHPAD.

De leur côté, les équipes Vertuoz travaillent sur de nouveaux cas d'usage, notamment autour des systèmes CVC (Climatisation, Ventilation, Chauffage) et du suivi de la qualité de l'air intérieur. L'objectif est cette fois-ci de mettre en relation le système de ventilation avec des capteurs installés dans les classes (hygrométrie, taux de CO_2...) pour faire baisser la concentration de polluants à des moments clés ou selon des scénarios prévus à l'avance.

Amiante, radon, ondes

une surveillance de tous les instants

L'enquête publiée en février 2020 par *Libération* avait créé un émoi considérable, notamment chez les parents d'élèves. S'appuyant sur les données d'une étude menée par l'Observatoire national de la sécurité des établissements scolaires (ONS), le quotidien avait cartographié tous les établissements scolaires français contenant encore de l'amiante. La majeure partie des écoles construites avant 1997 conservaient au moins un bâtiment abritant ce matériau désormais interdit : 80 % des lycées professionnels, 77 % des lycées généraux et technologiques, 73 % des collèges et 38 % des écoles. Avec la publication de cette enquête remontait à la surface un sujet de santé publique que beaucoup souhaitaient enfouir. Une véritable bombe à retardement.

Fibre naturelle présente dans les roches, l'amiante a été largement utilisée dans le BTP pour ses excellentes propriétés de résistance au feu et à l'humidité, sa faible conductivité et son faible coût. Le matériau idéal, à bien des égards. La France est d'ailleurs l'un des pays à l'avoir le plus utilisé. L'amiante s'est ainsi retrouvée un peu partout : faux plafonds, dalles de sol, flo-

◂ Fibres d'amiante vues au microscope électronique.
▸ Depuis 1997, les fibres d'amiante sont interdites en France (fabrication, transformation, vente, importation, mise sur le marché national et cession).

cages, encadrement des fenêtres, tuyaux et conduits en fibrociment, colles, etc.
Tant que l'amiante est calfeutrée, il n'y a pas de réel danger pour la santé. Mais lorsqu'elles sont libérées dans l'air, ces fibres toxiques microscopiques, invisibles à l'œil nu, peuvent être inhalées et stockées dans les poumons. Plus les particules d'amiante sont petites, plus elles peuvent pénétrer dans l'appareil respiratoire. Plus elles sont longues et fines, plus l'organisme a du mal à les éliminer. Toutes les variétés d'amiante sont aujourd'hui reconnues comme cancérigènes (cancers des tissus pulmonaires, de la plèvre ou des bronches). Ces fibres peuvent entraîner d'autres pathologies graves comme l'asbestose ou les plaques pleurales. L'amiante frappe sans seuil et le risque de développer une maladie grave peut se déclarer trente à quarante ans après l'exposition.

Malgré l'interdiction, le risque perdure

Le chantier de désamiantage étant pharaonique, la France n'a jamais envisagé une éradication complète. Faute d'avoir massivement désamianté, l'enjeu consiste à savoir précisément où se trouve l'amiante pour être en mesure d'intervenir au cas par cas. On est donc encore très loin d'avoir clos ce dossier noir, d'autant que le risque d'exposition s'accroît au fil des années avec l'usure des bâtiments. Cela concerne notamment les nombreux établissements scolaires construits dans les années 1960-1970, en réponse au baby-boom.
Les collectivités territoriales ont l'obligation légale d'établir un dossier technique amiante (DTA) qui consigne l'ensemble des informations relatives à la présence d'amiante dans les locaux (repérage des matériaux et produits contenant de l'amiante, diagnostic amiante avant travaux, évaluation de l'état de conservation des matériaux amiantés). Cette obligation n'est hélas pas suffisamment respectée. Un contrôle réalisé sur l'année scolaire 2017-2018 par des inspecteurs sécurité et santé au travail de l'Éducation nationale (ISST) sur un échantillon de 175 établissements publics concluait que les DTA étaient incomplets ou inaccessibles dans la majorité des écoles, voire parfois inexistants…

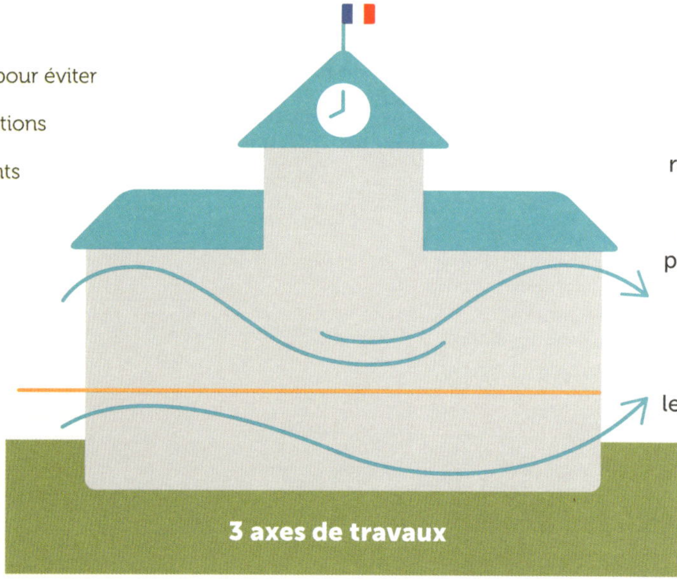

▸ Les stratégies pour éviter les infiltrations et les concentrations de radon dans les établissements scolaires.

Le radon, un gaz toxique naturel

Incolore et inodore, le radon est un gaz radioactif issu de la désintégration de l'uranium et du radium présents dans les roches et la croûte terrestre. Il provient du sous-sol et a parfois tendance à remonter à la surface. Le radon est susceptible de pénétrer dans les bâtiments par les fissures du sol ou des murs, les joints de construction, les équipements sanitaires ou les gaines de courant électrique. Sans danger à l'air libre, il présente un risque pour la santé lorsqu'il s'accumule dans les espaces clos pour atteindre des concentrations élevées. Une longue exposition peut alors être nocive pour les voies respiratoires et parfois même causer des cancers du poumon. Cette radioactivité naturelle est particulièrement présente dans des régions comme la Corse, les Vosges, le Limousin, le Massif central, Rhône-Alpes et une partie de la Côte d'Azur et des Pyrénées. Les établissements recevant du public situés dans les communes classées à potentiel radon niveau 3 par l'Institut de radioprotection et de sûreté nucléaire (IRSN) sont soumis à une réglementation spécifique : ils doivent dépister le radon et mener des actions correctives en cas de dépassement du niveau de référence (300 becquerels/m^3). Plusieurs moyens permettent de protéger un bâtiment et de diminuer l'exposition de ses occupants comme l'aération des soubassements par ventilation naturelle ou mécanique, l'étanchement de l'interface ou l'amélioration du renouvellement de l'air.

La délicate question des ondes

Si les problématiques liées à la présence d'amiante ou de radon restent bien actuelles, une inquiétude nouvelle émerge ces dernières années : quid des conséquences de l'exposition prolongée des enfants aux ondes électromagnétiques ? Il est acquis que ces ondes peuvent provoquer, en fonction de leur fréquence et de leur intensité, un réchauffement de la matière. C'est le principe même du four à micro-ondes. Pour éviter d'éventuelles lésions cellulaires liées à cette propriété, des seuils d'émission maximale ont été établis pour la technologie sans fil. Actuellement, le monde scientifique n'a pas mis en évidence d'autres effets néfastes mais ceux-ci ne sont pas exclus. Si l'état des connaissances actuel ne permet pas d'apporter une réponse claire et univoque sur la nocivité des ondes, l'OMS juge toutefois les données disponibles suffisamment pertinentes pour les classer dans la catégorie «peut-être cancérigène».

Dans le cadre du dispositif national de surveillance et de mesure de l'exposition des populations aux ondes électromagnétiques dans les lieux publics, le Centre scientifique et technique du bâtiment (CSTB) a mené une campagne de mesure des ondes sur un échantillon de 298 écoles françaises entre septembre 2014 et novembre 2017. Les conclusions montrent que les niveaux de radiofréquences dans les écoles maternelles et élémentaires sont faibles et en-deçà des valeurs limites réglementaires en France métropolitaine, mais que les niveaux moyens enregistrés à l'extérieur sont significativement plus élevés (0,40 V/m) que ceux enregistrés à l'intérieur (0,23 V/m). Autre résultat intéressant : l'analyse souligne une différence entre les écoles situées en milieu urbain et celles situées en milieu rural. À la ville, la téléphonie mobile est le contributeur principal de l'exposition détectée à l'intérieur des bâtiments, tandis que le Wifi et les services «hautes fréquences» sont les principales sources enregistrées à la campagne. Selon le CSTB, les niveaux sont significativement corrélés à la distance de l'émetteur, au nombre d'émetteurs dans un rayon de 5 km, aux services à l'origine des radiofréquences et à la présence ou non d'un double vitrage.

Enfin, selon un communiqué de l'Agence nationale de sécurité sanitaire et de l'alimentation (ANSES) daté de juin 2019, il ne faudrait pas bâtir d'établissements scolaires à proximité de lignes à très haute tension en raison de risques possibles liés aux champs électromagnétiques à basses fréquences. Bien qu'aucun lien de cause à effet n'ait été clairement établi à ce jour par la science, l'ANSES évoque des risques de leucémie infantile en cas d'exposition sur le long terme.

La proximité de lignes à très haute tension est à éviter lorsque l'on construit de nouvelles écoles.

PARTIE 2

Une conception qui garantit bien-être et épanouissement

Dessinez-nous une école heureuse !

L'école n'est pas qu'un lieu d'apprentissage, c'est une seconde maison pour les enfants qui y passent des journées entières. L'architecte a donc un rôle primordial à jouer dans l'élaboration de cet espace de socialisation forgeant les générations futures. Sa créativité doit être mise à contribution pour dessiner un cadre agréable et stimulant, qui participe au bien-être et entraîne une plus grande soif d'apprendre.

Pour faire davantage de place à l'architecture, l'école doit s'éloigner d'un modèle initial assez proche de celui de la caserne ou du couvent. Durant des siècles, l'école n'a pas été un lieu mais une pratique. L'architecture scolaire voit le jour sous Louis-Philippe, avant de connaître un remarquable essor sous la IIIe République (règlement pour la construction et l'aménagement des maisons d'école de 1880). Les lois Ferry rendent alors obligatoire la scolarisation des enfants de 6 à 13 ans, tandis que la classe de 300 élèves est abandonnée au profit de classes de niveaux, limitées à 50 élèves. *«Dès cette époque,*

◂ De conception bioclimatique, l'école de Saint-Pabu (Finistère) réinterprète la forme des longères bretonnes et propose une cour abritée des vents dominants. Architectes : Guinée*Potin.
▸ La conception fait largement appel aux matériaux biosourcés.

les maisons d'école sont conçues selon des logiques d'hygiène et de sécurité, précisent Sarah Barthélémy et Laurent Jeannin, chercheurs à l'Université de Cergy-Pontoise (1). *L'école est vue comme un sanctuaire, qui protège les élèves de l'extérieur et de ses vicissitudes.»*
Ce modèle où prime la sécurité a inscrit dans le temps une approche spatiale dont il est encore difficile de s'extraire. Bien des écoles, collèges et lycées restent des lieux clos : la cour bitumée est souvent placée au centre, les bâtiments s'organisant autour. Dans *Surveiller et punir,* Michel Foucault soulignait la proximité architecturale et conceptuelle entre la prison, la caserne et le lycée à la française conçu pour former des individus disciplinés...
Si ce modèle mérite d'être interrogé à la lumière de nouveaux usages, il n'est toutefois pas question d'occulter les impératifs de sécurité à l'heure où la menace terroriste est toujours prégnante. Pour les élèves et leurs parents, pour les professeurs et le personnel des établissements scolaires, le sentiment de sécurité est bien évidemment l'un des éléments constitutifs du bien-être. Il est logique que les maîtres d'ouvrage cherchent à éviter les intrusions ou à bannir les recoins échappant à toute surveillance. Une question se pose alors : comment concilier ce légitime besoin de surveillance et la nécessité de concevoir des espaces plus ouverts et plus accueillants ?

Le bien-être des élèves, une notion récente

Comme le fait remarquer Maurice Mazalto, ancien proviseur et auteur de nombreux ouvrages sur l'architecture scolaire (2), la prise en compte du bien-être des élèves est une notion très récente, apparue au début du XXIe siècle. Avant cela, une première évolution avait eu lieu avec les lois de décentralisation (1982-1986). Celles-ci ont fait émerger des préoccupations qualitatives, alors que le critère essentiel était jusque-là d'ordre quantitatif (la capacité d'accueil). Profitant de cette ouverture, les collectivités territoriales ont sollicité le talent de concepteur d'architectes locaux, parfois plus soucieux de l'environnement de la communauté scolaire.

Les douces leçons nordiques

Lorsqu'il est question du bien-être et de l'épanouissement des élèves, les regards se tournent vers le modèle nordique. À l'image de l'école de Sydhavnen bâtie sur une friche portuaire de Copenhague (voir notre présentation en page 68), nombreux sont les établissements scandinaves qui proposent des espaces ouverts, lumineux, en contact avec la nature. Des espaces qui favorisent les interactions entre élèves d'âges différents, qui encouragent la créativité, l'empathie et l'estime de soi. Cette conception plus ouverte, plus libre, stimule les apprentissages. Ce modèle attrayant est-il pour autant transposable en France ? *« La vision même du rôle de l'école est très différente dans les pays nordiques,* tempère Malene Kristensen, architecte d'origine danoise qui a fondé l'agence parisienne AKLA avec Hervé Levaseux. *L'approche y est bien plus collective. Dans les pays latins, la transmission verticale des connaissances prime sur toutes autres considérations. On place les élèves dans un cheminement d'épanouissement avant tout individuel. L'éducation nordique repose sur l'idée que l'enfant est un être à part entière qui doit développer son potentiel dans sa globalité : sur le plan intellectuel mais aussi moral, émotionnel et civique. On cultive donc dès le plus jeune âge l'autonomie et la responsabilité envers les autres. »*

◂ Au Danemark, l'escalier monumental de l'école de Sydhavnen (Copenhague) devient espace public.

Ceux-ci ont porté un regard nouveau, en rupture avec l'approche industrielle responsable de la création d'un nombre pléthorique d'écoles bâties à la va-vite durant les Trente Glorieuses : ces bâtiments aux cours entièrement asphaltées, chiches en fenestration, dotées de classes exiguës et de sombres couloirs.

Les écoles récentes offrent heureusement un tout autre cadre, surtout quand les maîtres d'ouvrage font confiance aux architectes. «*Contrairement à ce que l'on pourrait penser, les programmes de constructions scolaires offrent pas mal de liberté aux concepteurs, plus en tout cas que le secteur du logement qui reste extrêmement figé,* estime Hervé Potin (Guinée*Potin Architectes). *Lors du concours pour la création de l'école de Saint-Pabu, un petit bourg du Finistère Nord, les agences concurrentes ont proposé des implantations de bâtiment fort différentes. Nous avons privilégié une approche paysagère et bioclimatique en protégeant la cour des vents dominants. Trois bâtiments, dont la forme évoque les longères bretonnes, abritent la maternelle, l'école primaire et les locaux administratifs/périscolaires. L'ensemble est compact, thermiquement performant et fait largement appel aux matériaux biosourcés.*» Pour ce projet livré en 2021, des enseignantes étaient membres du jury. Une exception, car les futurs utilisateurs ont rarement leur mot à dire. Au mieux, c'est le chef d'établissement qui s'érige en «porte-parole» de la communauté scolaire.

Regard nouveau sur les usages

Dans ces programmes scolaires quantifiés à la virgule près, l'accent est souvent mis sur la sécurité, la durabilité, la maintenance et les économies. «*Concevoir des écoles est intellectuellement enthousiasmant, mais l'architecte est consulté bien trop tard dans le processus,* regrette Carlo Grispello, l'un des fondateurs de l'agence Graal. *Les programmes prédéfinis sont secs. Ils n'interrogent que très rarement la qualité d'usage. C'est encore plus vrai en rénovation : les projets sont lancés dans la précipitation, avec des contraintes de budget et de délais qui laissent peu de place à la réflexion, au questionnement. Les interventions sont donc essentiellement curatives. Rares sont les maîtres d'ouvrage qui comprennent l'apport que*

▾ Revitalisée par l'agence Lacube Architectes, l'institution Sainte Trinité est desservie par des galeries agrémentées de jardins mêlant essences aromatiques et méditerranéennes.

◂ La nature se trouve au cœur du projet, invitant à la contemplation et à la concentration.

pourrait avoir une réhabilitation plus ambitieuse, susceptible de transformer le cadre de vie. Sur de tels projets, il faut se donner les moyens de dépasser la stricte remise à niveau technique ou thermique. À partir de là, l'architecture peut vraiment changer la donne.»

«Revisiter les lieux avec un regard neuf, est un exercice passionnant», acquiescent Sophie et François Lacube. Leur jeune agence vient de rénover l'institution Sainte Trinité située dans le quartier marseillais de Mazargues, non loin des calanques. Les bâtiments conçus dans le cadre de l'extension de l'école primaire et du lycée s'implantent en douceur autour d'une vaste prairie bordée de platanes, vestige de l'ancienne magnanerie qui occupait jadis les lieux. Cette nature omniprésente est sublimée par la douce tonalité des composants naturels du projet : la teinte chaleureuse du ciment, la blancheur du plâtre et la blondeur du bois invitent au calme et à la concentration. Les 900 élèves de l'institution accèdent aux bâtiments en empruntant des galeries ouvertes sur le paysage. Les espaces pédagogiques bénéficient d'une double orientation permettant un éclairage homogène et une ventilation naturelle des locaux.

1. Sarah Barthélémy et Laurent Jeannin, «Histoire et courants architecturaux du bâtiment scolaire, une nouvelle ère à venir ?», *Tréma*, 2019.
2. Maurice Mazalto, *Concevoir des espaces scolaires pour le bien-être et la réussite*, L'Harmattan, 2017.

Moins de bitume plus de verdure !

Uniforme, facile à entretenir, rassurant à bien des égards, le goudron reste le revêtement de choix d'une majorité de nos cours d'école françaises. Celles-ci accueillent au mieux deux ou trois platanes, quelques mètres carrés de gazon et une aire de jeux ultra-sécurisée. Même si quelques initiatives éclosent ici ou là, on est encore bien loin des approches nordiques les plus audacieuses. Celles qui favorisent un vrai contact avec la nature pour bouger, expérimenter et se ressourcer.

Le temps ne serait-il pas venu de dépasser cette frilosité ambiante qui fige nos cours de «récré» et bride l'imaginaire de nos enfants ? Une frilosité largement partagée par l'Éducation nationale, une partie des enseignants et de nombreux parents d'élèves.

Depuis quelques années, plusieurs expériences de végétalisation proposent un cadre plus épanouissant. Elles sont souvent aussi motivées par des impératifs environnementaux, notamment l'adaptation à un climat qui change. Initié en 2018,

◂ Dans la ville d'Anvers, le projet « Speel Natuur Plantwerpen » a pour ambition de verdir les cours d'école et de proposer des jeux plus libres. Les enfants bénéficient d'un vrai contact avec des matériaux naturels.

La nature nous aide à grandir

Une étude suédoise menée en 1997 (Grahn et al.) s'est intéressée à l'influence de l'environnement sur le développement des enfants. L'équipe de chercheurs a comparé deux crèches. L'une dans la petite ville de Klippan disposait d'espaces extérieurs proches d'un milieu naturel, d'un jardin sauvage, de grands arbres, de bosquets, de rochers, d'un sol irrégulier et d'une grande surface de sable. L'autre, située à Malmö, proposait un entourage moderne avec un sol plat et lisse, du gazon, des aires de jeux délimitées et des bacs à sable. Selon cette étude, les 22 élèves de la crèche « naturelle » affichaient de meilleures performances dans tous les domaines de développement : ils étaient plus à l'aise en motricité générale, se concentraient plus facilement, étaient plus créatifs dans leurs jeux, semblaient moins agités, parvenaient mieux à résoudre les conflits. Ils étaient aussi moins souvent blessés ou absents pour cause de maladie que les enfants de l'autre crèche qui jouaient dans un environnement artificiel et planifié.

le projet OASIS s'inscrit dans la politique de résilience de la Ville de Paris. Le défi est de transformer en îlots de fraîcheur les 70 hectares que représentent les cours des écoles et des collèges parisiens, alors que cette surface asphaltée et imperméable renforçait jusqu'à présent le phénomène d'îlot de chaleur urbaine. Les nouvelles cours OASIS accueillent davantage de végétaux (plantation d'arbres, vergers, jardins pédagogiques), l'ombre et l'eau sont plus présentes, les sols sont pensés pour favoriser un meilleur écoulement des eaux de pluie. En dehors du temps scolaire, ces cours OASIS peuvent accueillir les personnes vulnérables qui habitent le quartier pour leur offrir un havre de fraîcheur.

L'école dans la forêt

Ces efforts de végétalisation menés en France sont louables mais encore timides. De nombreux freins empêchent d'aller au-delà : frilosité des administrations face aux risques d'accidents et à leurs conséquences, facilité d'entretien et de surveillance des espaces bitumés, prise de conscience poussive des bienfaits d'un contact avec les éléments naturels.
Nous sommes encore à des années-lumière du rapport à la nature qu'entretiennent bon nombre de petits Danois, et ce dès leur plus jeune âge. Ce pays de

INTERVIEW

DOROTHÉE MARCHAND

Docteure en psychologie sociale et environnementale, Dorothée Marchand analyse les bienfaits d'un rapport plus étroit à la nature dans les établissements scolaires.

La nature source de bien-être

Même si quelques projets font une belle part à la biodiversité, la grande majorité des établissements scolaires restent des mondes clos sans nature…

L'école est un cadre institutionnel, un espace fermé et ritualisé, qui dispose de ses propres règles. Pour les élèves comme pour les professeurs, l'essentiel du temps scolaire se déroule à l'intérieur : en classe, en salle d'activité ou à la cantine. Les écoles françaises sont majoritairement minérales avec très peu d'espaces végétalisés. La cour est elle-même souvent recouverte de bitume.

Quels pourraient être les bénéfices d'un environnement plus végétalisé ?

L'accès à la nature est essentiel pour les enfants comme pour les adultes.
On l'a bien vu lors de l'épisode de confinement du printemps 2020. Celui-ci était bien plus supportable quand les habitants avaient la possibilité de se mettre au vert dans leur jardin ou ailleurs. Pour les citadins, qui ont été curieusement privés de l'accès aux parcs et jardins publics, le confinement a été plus mal vécu.
La nature favorise le bien-être, stimule l'imagination, la réflexion, la rêverie. Elle permet à chacun d'exprimer sa sensibilité, d'éprouver des émotions positives. Tout cela contribue à mettre le stress à distance. Je rappelle que selon l'OMS, la santé est définie comme un état de complet bien-être physique, mental et social, qui ne consiste pas seulement en une absence de maladie ou d'infirmité.

Cette exposition à la nature encourage-t-elle aussi les apprentissages ?

Le processus cognitif d'apprentissage exige une grande attention des élèves qui s'épuise à force de sollicitations. Le contact

avec la nature va faciliter la restauration de cette attention. De tels moments de récupération sont essentiels pour résoudre des tâches complexes demandant un effort soutenu.
Au contact d'un espace naturel, d'arbres, de végétaux, on relâche plus facilement cette attention soutenue. On la restaure sans trop d'efforts. Ces parenthèses récréatives améliorent la concentration, stimulent la mémoire et facilitent donc les apprentissages. L'architecte paysagiste taiwanais Rodney H. Matsuoka a montré l'incidence de la qualité de nature sur les comportements et les performances académiques des étudiants qu'il avait suivis (1).
Autre grand avantage de cette exposition à la nature : celle-ci tend à inhiber les comportements agressifs et favorise le contrôle de soi, ce qui compte en collectivité.

À l'inverse, quels maux engendre la privation de nature ?

Cela participe à l'aggravation des problèmes de santé physique et psychologique. Les élèves fatiguent plus vite car ils ne se ressourcent pas suffisamment. Ils ont plus de mal à se contrôler. Les comportements deviennent plus agressifs. Certains vont aussi avoir tendance à se replier sur eux-mêmes.
L'absence de nature accentue aussi les inégalités sociales au détriment de ceux qui n'ont pas l'opportunité de jouir d'un accès facile aux parcs, aux balades en forêt, hors de la sphère scolaire.
Dans une étude menée auprès d'adolescents dans des écoles autrichiennes avant et après la végétalisation de la cour d'école, les psychologues Christina Kelz, Gary W. Evans et Kathrin Röderer (2) ont mis en lumière les bénéfices découlant de ces aménagements : une tension sanguine plus basse et davantage de bien-être, selon les jeunes interrogés.

Est-il urgent de faire entrer davantage de nature dans les écoles françaises ?

Il me semble essentiel de reconnecter les enfants, futurs adultes, à la nature en leur proposant des expériences restauratrices, voire micro-restauratrices. Cette expérience de nature est véritablement en voie de disparition. Déjà, en 1978, l'écologue et naturaliste américain Robert M. Pyle (3) alertait sur une « extinction de l'expérience de nature ». Depuis, celle-ci est peu à peu remplacée par d'autres expériences passées à l'intérieur et dans lesquelles les nouvelles technologies ont une place importante. Nos enfants sont de moins en moins attirés par la nature avec laquelle ils perdent peu à peu le contact direct. On constate même une baisse sensible de ses représentations dans les livres pour enfants, les magazines et les dessins animés (4).

1. Matsuoka, R. (2010). *Student performance and high school landscapes. Examining the links. Landscape and Urban Planning*, 97, 273-282.
2. Kelz, C., Evans, G. W., & Röderer, K. (2015). *The restorative effects of redesigning the schoolyard: a multi-methodological, quasi-experimental study in rural Austrian middle schools. Environment and behavior*, 47, 119-139.
3. Pyle R.M. 1978, «The extinction of experience», Horticulture, 56: 64-67.
4. Fleury Cynthia et Prévot Anne Caroline (dir), 2017, *Le souci de la nature, Apprendre, inventer, gouverner*, Paris, CNRS Editions.

près de six millions d'habitants compte 700 écoles en forêt. Été comme hiver, les enfants y suivent toutes sortes d'enseignements en immersion dans la nature : acquisition du langage, de la lecture, mathématiques, physique, sciences naturelles... Les situations d'apprentissages apparaissent naturellement et sont vécues en groupe. L'éducation repose sur la responsabilisation et l'autonomie des élèves. Dès quatre ans, ces petits vikings grimpent aux arbres sans l'aide des adultes. Ils manient couteaux et scies comme de vieux trappeurs sous le regard de leurs éducateurs. L'apprentissage du risque fait partie intégrante de cet étonnant bagage pédagogique et culturel.
Pratiquée au Danemark depuis les années 50, l'école dans la forêt s'est également diffusée en Allemagne ou en Autriche. En France, les initiatives restent rares et paraissent bien plus sages. L'école maternelle Jacqueline permet à de petits Strasbourgeois de s'épanouir dans des espaces naturels «ensauvagés» : rivière pédagogique, jeux et parcours en rondins de bois. Personne ne ramasse les feuilles mortes, les végétaux poussent librement. D'autres classes en extérieur ont été expérimentées avec succès dans les Deux-Sèvres ou en Nouvelle-Aquitaine. À Paris, la halte-garderie Champ de Mars accueille les enfants en plein air de -4 à 30 °C. À deux pas de la tour Eiffel, ces derniers peuvent explorer leurs capacités motrices et sensorielles au contact avec les éléments naturels : vent, pluie, soleil, chants d'oiseaux...
Toutes ces initiatives ont des répercussions positives sur la santé et le bien-être des élèves : développement de la motricité, lutte contre l'obésité, mais aussi apaisement du climat scolaire. En vivant de telles expériences, les enfants se construisent un rapport différent à leur corps, à leurs sens, à leur intelligence et à la vie en groupe.

Les sols naturels stimulent l'imagination en offrant une surface d'exploration.

INTERVIEW

ÉMELINE BAILLY

En France, la cour de récréation est bien souvent un univers clos, bitumé, normé et finalement assez pauvre. Docteure en urbanisme, Émeline Bailly interroge cet espace qu'elle juge essentiel pour le développement et les apprentissages des enfants.

De la cour d'école à l'école dehors

La cour de récréation est la plupart du temps le seul espace extérieur des établissements scolaires. Quelle est sa vocation ?

Si l'on se réfère à la définition du Littré, la récréation vient interrompre le travail pour se délasser. Le latin *recreare* renvoie à re-créer, à l'idée d'une réanimation, d'une seconde existence. Cette parenthèse devrait permettre aux enfants de se détendre pour retrouver l'attention durant les apprentissages. Elle constitue un temps particulier dans un rythme scolaire. C'est un moment de liberté, de relative autonomie à distance des adultes. Un des rares instants durant lesquels les élèves échangent, inventent des jeux, rencontrent librement les autres classes d'âge. La cour de récréation est aussi un lieu d'apprentissage des relations sociales. Les enfants s'entraident, s'autorégulent. Ils peuvent aussi entrer en conflit. C'est parfois assez dur comme l'a montré Claire Simon dans son documentaire *Récréations* tourné dans une école maternelle. Les garçons monopolisent le centre de la cour avec leurs jeux de ballon, laissant jouer les filles sur les abords. Les plus grands s'accaparent les espaces de jeux des plus petits...

Le temps périscolaire doit-il être considéré comme une parenthèse de récréation ?

Oui, absolument. Les activités spontanées – inventions d'histoires, jeux collectifs, sport, échanges divers – s'exercent hors du contrôle des enseignants. Il s'agit d'une autre forme d'apprentissage par l'expérience, par l'expérimentation, par les relations sociales et par le ressenti. Les travaux de plusieurs sociologues dont Bernard Lahire (1) montrent que l'environnement périscolaire, notamment familial, joue un rôle déterminant dans la réussite de l'élève à l'école. Pour le développement de l'enfant, la cour devrait être considérée comme un lieu aussi important que la classe, dans la mesure où elle participe des apprentissages et d'une possibilité pour les élèves de se re-créer au fil de la journée scolaire.

Comment expliquer alors que la plupart des cours de récréation se résument en France à un rectangle de bitume ceint par les bâtiments scolaires ?

Le vocable même de *cour* renvoie au mot *enclos*, l'espace de la ferme entouré de murs, la basse-cour... Depuis Jules Ferry, la conception des écoles privilégie des cours fermées, censées protéger de l'extérieur. C'est le produit d'une institution qui tend à s'imaginer elle-même comme un monde clos. L'extérieur est perçu comme source de danger et l'on peut d'ailleurs s'interroger sur ce que cela véhicule chez l'enfant comme représentation de la société, de la ville ou du village. Minérales, dotées d'un sol artificiel facile à entretenir, la majorité des cours proposent un univers figé, institutionnalisé. La prise en compte de la sécurité et de la propreté prédomine, au détriment d'une vision ouverte et créative ou d'un espace transformable, appropriable et support de jeu. Il ne permet pas de s'isoler, d'inventer des jeux avec le relief des sols, les matériaux et milieux naturels variés. Les enseignants eux-mêmes ne s'intéressent finalement qu'assez peu à la cour, considérant plutôt la récréation comme un moment de pause. D'ailleurs, rien ne concerne la cour dans les programmes de l'IUFM... Trop souvent, c'est plus un temps de surveillance que d'apprentissage, de re-création.

Est-ce différent ailleurs ?

L'approche est tout autre dans les pays nordiques ou dans les écoles berlinoises que j'ai pu visiter. Celles-ci sont bien plus ouvertes sur l'extérieur. Ce n'est pas le risque ou les questions de gestion qui régentent les choix de leur aménagement. On accepte que les enfants se salissent en jouant avec la terre, qu'ils grimpent aux arbres, qu'ils se cachent derrière les fourrés. De nombreuses études montrent à quel point ce contact avec les éléments naturels favorise le ressourcement, encourage l'exploration et la découverte. À Berlin, un vaste programme de renaturation des cours a été mené dans les années 80. Par rapport aux nôtres, elles sont plus vastes. Le sol y est naturel, on y trouve des bosquets, des arbres. La nature est un riche support d'expérience et d'apprentissage : manipulation de l'eau, de la boue ou du sable, observation des éléments, découverte de la motricité et des sens, détournement des aspérités du sol pour inventer des mondes. Si l'enfant n'arrive pas à grimper sur un arbre, il attend le moment où il pourra le faire ou éventuellement l'aide de ses camarades. Les adultes se tiennent en retrait, laissent l'enfant libre de ses progressions. Il apprend ainsi à mesurer le risque par lui-même, à expérimenter l'entraide, à devenir plus autonome. Au Danemark, il arrive que la cour abrite une structure dans laquelle on se réunit l'hiver autour d'un feu ! Quant aux petits Finlandais, ils passent bien plus de temps dehors que les jeunes Français ou Américains.

Vous envisagez la cour comme un milieu propice à l'expérience sensible. Pouvez-vous nous en dire plus ?

La cour peut aider les enfants à renouer avec l'expérience des autres, des lieux et de la nature, à respecter le vivant et à donner libre cours à leurs sensations.
Grimper, sauter, se balancer, tripoter diverses textures, observer le cycle des saisons : tout participe des acquisitions. L'enfant demande des interactions constantes avec son environnement, pouvoir le transformer et se laisser transformer. Ces expériences participent à la modulation neuro-sensorielle, à un temps de ressourcement et à d'autres formes d'apprentissage.
Dans des cours où il y a plus de liberté d'usage pour l'enfant, l'ambiance s'apaise, le niveau sonore et le stress diminuent naturellement, les comportements agressifs sont plus rares. La présence de la nature stimule aussi l'inventivité, permet aux enfants de se créer des mondes personnels. La manipulation des feuilles ou de la terre favorise ce théâtre de création.

Certaines pédagogies encore peu connues en France prônent l'outdoor learning. Qu'en pensez-vous ?

Ces premières classes dehors se sont développées en Europe du Nord dans les années 50. L'enseignement s'y fait régulièrement à l'extérieur dans des espaces naturels et culturels proches de la classe, de manière interdisciplinaire et en travaillant l'ensemble des domaines d'apprentissage.
En perpétuel mouvement et renouvellement, la nature suscite la curiosité et la motivation des enfants.
À la suite du confinement du printemps 2020, le Danemark a été l'un des premiers pays européens à rouvrir ses écoles. De nombreux établissements ont alors préconisé la classe en extérieur, une approche parfaitement en phase avec les protocoles sanitaires.
Mais de telles expériences restent très rares en France. On peut toutefois noter des initiatives en ce sens comme dans l'Académie de Poitiers. Le groupe départemental Classes dehors 79 propose des activités en extérieur et met en ligne des fiches pédagogiques pour guider les enseignants dans des domaines divers : français, mathématiques, arts plastiques, EPS, sciences, éducation musicale...
Des cours plus vastes et des relations à l'extérieur plus régulières favoriseraient les apprentissages, les relations sociales dans l'école, la qualité d'être des élèves tout en développant leur créativité.

1. Lahire B. (dir.), 2019, *Enfances de classes – De l'inégalité parmi les enfants*, Paris, Seuil, 1232 p.

Quelles leçons tirer de la pandémie ?

La pandémie de Covid-19 compte certainement parmi les événements qui ont le plus affecté la marche du monde depuis la Deuxième Guerre mondiale. Si nombre d'études scientifiques alertaient sur la possibilité d'un tel risque, la propagation planétaire de cette infection respiratoire en l'espace de quelques mois a pris tous les gouvernements de court et a affecté durablement notre quotidien.

Au plus fort de la crise, il a fallu fermer écoles, collèges et lycées. Sur l'ensemble des continents, 1,5 milliard d'élèves et 63 millions d'enseignants se sont un temps retrouvés confinés ! Et quand les écoles françaises ont pu rouvrir leurs portes au nom de la «continuité éducative et de la lutte contre les inégalités», l'accueil des élèves n'a pu se faire que dans le strict respect de protocoles particulièrement délicats à mettre en place dans les bâtiments existants. Ceux-ci n'avaient pas prévu de pareilles circonstances.

Comment limiter les contaminations dans des lieux clos, dotés d'une seule issue ? Comment respecter la distanciation sociale dans des classes petites et surpeuplées ?

◂ Se laver les mains est une des meilleures façons d'éviter la propagation des infections.

Comment imposer les règles d'hygiène élémentaires quand les sanitaires sont peu nombreux, peu fonctionnels et mal tenus ? Cet épisode a mis en lumière la nécessité de prendre davantage en compte les enjeux de santé dès la conception des établissements scolaires. C'est ce que rappelait en avril 2020 Suzanne Déoux (1), experte des problématiques de santé dans le bâtiment, dans une tribune co-signée avec Denis Dessus, président du Conseil national de l'Ordre des architectes. Selon les deux auteurs, l'interruption de la transmission de la Covid-19 dans les écoles reposait sur un triptyque : hygiène, espace et renouvellement de l'air.

Plus d'espace dans les classes !

Pour respecter les règles de distanciation, encore faut-il disposer de suffisamment de place. Concernant les espaces de distribution, l'Éducation nationale est plutôt généreuse avec une exigence d'1,60 m de large pour les circulations. En revanche, la superficie des salles de classe n'a cessé de rétrécir depuis l'Après-guerre. Publié par le ministère en 1989, le guide *Construire les écoles* préconise des classes d'une superficie de 50 m^2, soit environ 2,40 m^2 par élève. On est très loin des 4 m^2 par élève répondant aux consignes sanitaires du déconfinement...

Dans une note d'information datant de novembre 2008, Francis Minier, inspecteur hygiène et sécurité de l'Académie d'Orléans-Tours estimait qu'en dessous *«de 1,60 m^2/élève – soit moins de 50 m^2 pour 30 élèves – on peut considérer l'espace comme trop exigu pour offrir de bonnes conditions pédagogiques.»*

Comme la taille des classes et leur densité d'occupation, le renouvellement de l'air intérieur et la bonne ventilation des locaux ont une importance capitale pour limiter la propagation des maladies contagieuses. Le coût de l'investissement dans des installations de ventilation performantes doit alors s'apprécier au regard des nombreux bénéfices santé qui en résultent pour notre jeunesse.

Cette pandémie a aussi conduit à s'interroger sur une nouvelle organisation de l'espace pour éviter le croisement critique des flux. On sait construire des écoles avec des entrées multiples, mais cette configuration se heurte à de légitimes impératifs de sécurité, notamment pour tenir compte du risque d'attentat.

Des toilettes enfin dignes ?

Le lavage des mains reste l'un des meilleurs moyens de prévenir la propagation de la Covid-19 et de bien d'autres infections. Encore faut-il que les enfants puissent accéder à des sanitaires en nombre suffisant et bien tenus, ce qui est, hélas, rarement le cas dans les écoles françaises.

La pandémie a fait ressurgir une problématique vieille comme l'école : celle de l'hygiène des toilettes. Cette question, curieusement taboue en France, était déjà évoquée du bout des lèvres par des députés à l'époque de Jules Ferry. Plus récemment, c'est le ministre de l'Éducation nationale Jean-Michel Blanquer qui a porté dans l'Hémicycle ce *«sujet qui fait sourire, alors qu'il est de la plus haute importance»*.

L'école de plein air : un modèle inspirant ?

Longtemps tombées dans l'oubli, les expériences pilotes d'école en plein air datant de l'entre-deux-guerres pourraient à nouveau inspirer les concepteurs de bâtiments scolaires. Ces modèles originaux auraient certainement permis de mieux répondre à la crise sanitaire.

L'école en plein air de Suresnes a été dessinée dans les années 30 par les architectes Eugène Beaudouin et Marcel Lods à la demande du maire Henri Sellier pour lutter contre la tuberculose, le rachitisme et autres « maladies de pauvres ». Le plan est en rupture totale avec les écoles classiques : sur un terrain orienté plein sud, l'établissement s'organise en huit pavillons de plain-pied, largement ouverts sur l'extérieur (baies vitrées et murs amovibles). Les salles sont spacieuses : 52,80 m^2 (8 m × 6,60 m), avec une hauteur de 4 m sous plafond. L'enseignement dispensé est lui aussi précurseur, s'inspirant de la pédagogie nouvelle (Maria Montessori, Célestin Freinet). Cette école avant-gardiste a fonctionné jusqu'à la fin des années 90. Chef d'œuvre de l'architecture moderne, elle est désormais classée Monument historique. Une autre école de ce type, construite à Pantin par l'architecte Florent Nanquette, doit prochainement faire l'objet d'une restauration patrimoniale.

▸ L'école en plein air de Suresnes a été conçue dans les années 30 pour lutter contre la tuberculose, le rachitisme et autres « maladies de pauvres ».

En 2003, le spécialiste des sciences de l'éducation Philippe Meirieu déclarait à propos de la situation préoccupante dans les écoles : *«Il n'y a qu'un lieu où l'hygiène et le mépris de l'intime sont aussi choquants, c'est la prison !»* Nos enfants sont confrontés à des conditions qu'aucun salarié n'accepterait dans le monde du travail.
Manque de lavabos, hygiène approximative, portes qui ne ferment pas, absence d'intimité, odeurs, promiscuité... Les pistes d'amélioration ne manquent pas.
La qualité de conception des sanitaires est déterminante pour garantir leur fréquentation par les enfants, qu'il s'agisse de leur implantation, du ratio d'équipements (WC, lavabos), de leur configuration et même de leur ambiance (lumière naturelle, ventilation). Il n'existe pas de règle précisant les caractéristiques nécessaires de ces espaces. Le Guide de construction des écoles se borne à préconiser pour une école élémentaire, *«un WC pour 40 garçons et un urinoir et un lavabo pour 20 garçons ; un WC et un lavabo pour 20 filles»*. Lorsque les écoles françaises ont rouvert leurs portes en mai 2020, le Conseil scientifique recommandait le lavage des mains *«au minimum à l'arrivée à l'école, avant le début de la classe et à la fin des cours, avant et après chaque repas et chaque fois que les mains ont pu être souillées par des liquides biologiques»*. Dans un tel contexte de crise, le manque de lavabos devient vraiment problématique.

Respect de l'intimité

La configuration même des sanitaires a son importance. Le respect de leur pudeur est un souci primordial pour les élèves. Ces derniers dénoncent les portes ou les cloisons insuffisamment hautes ou basses pour éviter le voyeurisme ou le placement des urinoirs à l'entrée du bloc où «tout le monde peut les voir».

Le constat est sans appel : une grande proportion d'enfants et d'adolescents refuse de fréquenter les toilettes scolaires par manque d'hygiène ou d'intimité. Certains évitent de boire durant toute la journée, d'autres se retiennent d'aller aux toilettes jusqu'au soir. De telles stratégies d'évitement posent des problèmes de santé : elles peuvent entraîner des constipations, des douleurs abdominales ou des cystites. Consciente des enjeux, la région Île-de-France (en charge de 465 lycées publics accueillant plus d'un demi-million d'élèves) a voté un plan d'urgence qui mobilise 55 millions d'euros pour rénover et remettre aux normes les toilettes. Cent-vingt établissements devraient bénéficier de ces travaux d'ici 2022.

1. Suzanne Déoux est docteur en médecine, ORL, professeur associé honoraire à l'Université d'Angers, ingénieur de Santé dans le bâti et l'urbain, fondatrice de MEDIECO et présidente de Bâtiment Santé Plus.

Quelle école pour demain ?

Une école plus ouverte, mieux intégrée à la ville et à son quartier, des espaces d'apprentissages flexibles et spacieux, un rapport à la nature plus enrichissant, une lumière naturelle omniprésente... Une école dynamique à échelle humaine qui propose des ambiances et privilégie le mouvement. Comme nous l'avons vu, les pistes ne manquent pas pour concevoir un environnement scolaire plus sain, réellement stimulant.
La conception française du bâtiment scolaire s'est longtemps figée autour de l'idée de sanctuarisation et cette tradition, même si elle s'estompe, peut encore brider la conception d'espaces plus ouverts. À cet égard, la visite d'une école suisse nouvellement bâtie sur la petite commune de Meinier, non loin de Genève, s'avère instructive. D'une élégante sobriété, le bâtiment conçu en béton par la jeune agence française Mue Atelier d'Architecture s'insère à merveille dans le centre-bourg. Il fait même mieux que cela : par sa seule présence, il apporte toute sa cohérence

◂ Ouvert sur l'espace public et la nature avoisinante, le nouveau bâtiment de l'école de Meinier affiche son élégante simplicité en plein centre-bourg.

Gérard Sénior,
architecte, président de Qualibat

« Pour que les écoles d'aujourd'hui et de demain soient à la hauteur des attentes que l'on place dans l'éducation de notre jeunesse, il faut partir d'un bon programme. Le maître d'ouvrage, qui gère souvent plusieurs établissements scolaires, a la responsabilité de valoriser son retour d'expérience, qui doit nourrir ce programme et enrichir la réflexion sur les usages. L'intelligence de l'architecte sera ensuite sollicitée pour tirer le meilleur parti des contraintes et des opportunités du projet : la relation des bâtiments avec l'extérieur, leur volume, leur forme et leur implantation, le dialogue avec la nature, les choix constructifs et les matériaux, la qualité des ambiances intérieures, les apports en lumière naturelle, les vues et perspectives... La santé et le bien-être des enfants qui fréquentent ces établissements sont des préoccupations permanentes de la conception jusqu'à la construction. Il reste cependant des champs entiers de connaissances à explorer pour améliorer le cadre de vie des élèves. On sait, par exemple, que le travail de la couleur peut avoir une grande influence sur les ambiances intérieures et sur le comportement des occupants. »

au quartier, tissant un lien subtil entre des constructions anciennes (église, maison de quartier) et des immeubles de logements intergénérationnels récents. Les classes, orientées au nord, bénéficient d'une luminosité homogène et évitent la surchauffe quand vient l'été. Les couloirs qui les distribuent sont particulièrement généreux, pouvant être appropriés pour de multiples usages. Mais le visiteur est surtout surpris par la configuration très libre de la cour, largement ouverte sur l'espace public. Point de mur ni de clôture : seuls quelques massifs plantés et un marquage au sol indiquent les limites à ne pas franchir (trait bleu pour les enfants, pointillé blanc pour les parents d'élèves). On a du mal à imaginer pareille approche en France dans un secteur très urbanisé. Mais pourquoi pas dans une petite commune rurale apaisée ? Deux trimestres après la livraison de cette école, ce modèle original fonctionne parfaitement à Meinier.

Un cocon biosourcé

Dans un secteur hyperdense comme Paris intra-muros, les miracles sont encore possibles avec de l'inspiration, du talent et un parti pris résolument écologique. L'école maternelle Jeanne d'Arc conçue dans le XIIIe arrondissement par l'agence LA Architectures et Corentin Desmichelle en est la preuve incontestable. Ce projet frugal en bois, en brique et en paille bénéficie d'une enveloppe ultra-performante pour limiter sa consommation d'énergie. Au-delà de leurs performances (l'école est le premier bâtiment parisien à avoir reçu le label BBCA), ces matériaux écologiques confèrent une douceur rassurante à ce cocon tout en transparences. Jouant avec la topographie

◂ Jeux de lumière et de ballon sous le préau de l'école de Meinier dessinée par l'agence Mue Atelier d'Architecture.

des lieux, les architectes ont réussi à dépasser le schéma classique du bâtiment scolaire aligné sur rue pour donner vie à un édifice surprenant, stimulant, parfaitement intégré à son quartier. Une rue intérieure et un hall généreux invitent à une promenade menant jusqu'aux classes. Les circulations sont imaginées comme des espaces pédagogiques pouvant être investis par les enfants. Dans la cour comme sur les toitures, la végétation éveille à la biodiversité.
Autre construction inspirante mêlant terre cuite et bois, l'école Montessori Paterna a été conçue près de Valence par l'agence espagnole Gradolí & Sanz comme la métaphore d'un village dont chaque classe constituerait une maison. On s'éloigne ici des standards pour proposer un cadre ludique et écosensible. Poutres, charpente, parties maçonnées en briques de terre cuite : dans ce bâtiment qui est à lui seul une leçon pratique d'architecture, les enfants sont invités à déchiffrer les choix constructifs qui ne sont jamais masqués.
À Meinier, Paris et Paterna, ces trois projets récents illustrent – chaque fois dans un contexte particulier – ce que pourrait être l'école de demain. Avec leur sensibilité, leur vocabulaire propre, des matériaux adaptés et un regard toujours tourné vers le bien-être des futurs usagers, les architectes proposent une nouvelle lecture de la construction scolaire en phase avec les enjeux du XXIe siècle : une école saine, accueillante où il fait bon apprendre.

PARTIE 3

Écoles inspirantes d'ici et d'ailleurs

École de Sydhavnen à Copenhague
L'ouverture à la danoise

L'école de Sydhavnen tire profit de la proximité du Vieux Port de Copenhague pour s'ouvrir sur la ville. Son majestueux escalier de bois descend en pente douce jusqu'au canal pour créer une place publique où se croisent les élèves et les habitants. Pour répondre à des besoins très divers (apprentissage, récréation, réunion, activités), l'agence JJW Arkitekter a conçu un écosystème subtil qui juxtapose les espaces publics, semi-publics ou privés. À l'intérieur même de l'école, les salles d'artisanat, de travaux manuels, de musique et la cantine sont ainsi accessibles aux habitants.

Le design du bâtiment évoque un navire paré pour un grand voyage éducatif. Le plan d'eau devient un fantastique outil pédagogique dans le cadre d'activités sportives, scientifiques ou culinaires, tandis que chaque surface de la toiture encourage l'exercice et les activités de plein air.

L'espace s'ajuste aux besoins des enfants en fonction de leur âge : les tout-petits disposent d'une maisonnée à part qui renforce leur sentiment de sécurité et les plus âgés se partagent un double étage communautaire.

Le confort d'été n'a pas été oublié. Des fenêtres à ouverture automatique captent la fraîcheur de la nuit pour rafraîchir les chaudes journées.

Le toit accueille des aires de jeux.

Le bâtiment joue de sa proximité avec le canal pour encourager les interactions entre les élèves et l'élément liquide.

FICHE TECHNIQUE

Conception : JJW Arkitekter
Superficie : 9 500 m^2
Livraison : 2015
Distinction : WAN Education Award 2016

École maternelle Les Alliers de Chavannes à Mantes-la-Ville

Comme des cabanes dans les arbres

Pour rénover et agrandir cette école datant des années 60, l'équipe de Graal Architecture a proposé une approche frugale, économe, entièrement tournée vers le bien-être des enfants.

«Plutôt que de prévoir une grande extension, nous avons imaginé trois pavillons sur pilotis qui se raccordent au bâtiment existant, explique Carlo Grispello, cofondateur de l'agence. *Pensés comme des cabanes suspendues dans les arbres, ces pavillons accueillent les nouveaux éléments du programme : salles de cours supplémentaires, salle de lecture et salle de motricité.»*

Les larges ouvertures cadrent le paysage arboré pour que les enfants aient pleinement conscience de l'environnement de l'école. Dans les zones tampons situées entre l'ancien bâtiment et ses extensions, le plafond est volontairement abaissé pour créer des espaces propices aux temps calmes (lecture et repos). Au sud de l'école, la toiture se déploie au-delà du volume d'une des salles de classe pour devenir un préau accueillant.

FICHE TECHNIQUE

Conception : Graal Architecture
Superficie : 810 m² (500 m² réhabilités + une extension de 310 m²)
Livraison : 2015

▲ Malgré leur relatif enclavement, les extensions bénéficient d'un apport de lumière naturelle grâce au soulèvement de la toiture.
▼ Vue des extensions sur pilotis.

Crèche des Deux Oies à Noisy-le-Roi

Enveloppante et chaleureuse

On y accède comme dans une demeure accueillante, en retrait de son perron. Un calme rassurant se dégage de la jolie crèche des Deux Oies (Yvelines) où chaque détail semble avoir été pensé pour les enfants et les équipes qui s'en occupent. Six sections judicieusement articulées entre elles, un généreux lobby aux allures de patio pour recevoir les parents : la vie s'organise dans l'apparente simplicité d'un plan sobre et symétrique.

L'apport de l'architecte se situe ailleurs. Dans ce jeu subtil entre intérieur et extérieur où le bois de la pergola s'étire dans le bâtiment pour apporter chaleur et intimité. Dans le soin porté à la qualité du dessin et des finitions des menuiseries et du mobilier en bois. Nul doute que les enfants s'y sentent bien. Le couloir central devient même, à l'occasion, une incroyable piste pour courses de tricycles.

FICHE TECHNIQUE

Programme : crèche de 70 berceaux
Conception : Wild Rabbit Architecture
Superficie : 1108 m²
Coût : 1,9 M€ HT
Livraison : janvier 2021

▾ La crèche s'efface sous son toit végétalisé pour s'inscrire harmonieusement dans le paysage pavillonnaire.

Chaque pièce est éclairée naturellement en premier jour ou grâce à de nombreux puits de lumière.

Pôle Molière aux Mureaux
Le village au cœur de la ville

Symbole du renouveau de la ville des Mureaux (Yvelines), le Pôle Molière s'inscrit au cœur de la rénovation urbaine du quartier de la Vigne blanche. Sept bâtiments regroupent des espaces purement dédiés aux écoles (crèche, classes) et des espaces partagés, plus polyvalents (motricité, restaurant, bibliothèque) ouverts aux associations locales et autres publics pendant et hors temps scolaire. Le pôle est ainsi ouvert 7j/7 et permet une réelle mixité sociale et culturelle. Le club des anciens côtoie les plus jeunes.

Ce îlot ouvert évoque un village avec ses rues, ses places et ses jardins. *«Plus qu'une école, nous avons créé un lieu d'apprentissage multiple qui utilise les classes comme les espaces extérieurs,* explique Hervé Levaseux (Akla Architectes). *La pente du site favorise la motricité avec le jeu des rampes, des escaliers et des gradins qui relient les différents programmes. Mis en scène par divers ouvrages – noues plantées, gargouilles, caniveaux – le parcours des eaux de pluies devient une ressource éducative très utile.»*

Cette architecture encourage l'ouverture et les rencontres. Les cours en balcon proposent de belles vues sur le paysage. Des cabinets de verdure offrent des espaces de repos et d'échanges.

FICHE TECHNIQUE

Conception : Akla Architectes
Maîtrise d'ouvrage :
Ville des Mureaux, Citalios
Superficie : 6 150 m²
Coût : 17,1 M€ HT
Livraison : 2014
Certification : BEPOS & NF HQE
Bâtiment tertiaire niveau excellent

Le Pôle Molière a été pensé pour fonctionner en totale articulation avec la ville.

Lycée polyvalent Jean-Moulin à Revin

Un belvédère sur la Meuse

Surplombant les méandres de la Meuse, le lycée polyvalent de Revin se fond dans le paysage des Ardennes. Telles les rizières cultivées en terrasses en Asie, sa double rangée de bâtiments longilignes épouse en quinconce la topographie du lieu. Dans toutes les classes, de hautes fenêtres cadrent le panorama de la vallée et apportent une lumière naturelle abondante. Entre les bâtiments qui descendent en pente douce, un large espace convivial accueille les lycéens lors des pauses. Toit végétal, grands arbres, buissons : la nature prend ici ses aises. Ce cadre participe au bien-être des lycéens, stimule leurs sens et leur imagination, favorise le ressourcement. La partie basse du site est réservée aux activités sportives.

▸ L'architecture s'inscrit dans ce grand paysage.
▾ De larges ouvertures laissent entrer la lumière naturelle.

FICHE TECHNIQUE

Conception : Duncan Lewis / Scape Architecture : architecte principal ; J De Giacinto, Off Architecture (Manal Rachdi et Tanguy Vermet) : architectes associés ; Egis Bâtiment Grand Est : ingénieur consultant ; Barthes Bois : ingénieur bois ; Elioth : ingénieur environnement ; Echologos Acoustique : ingénieur acoustique ; Base Paysage : paysagiste
Superficie : 18 000 m^2 (construction), 6,5 ha pour l'ensemble du site
Coût : 30 M€
Livraison : juin 2016

Collège de Bouéni à Mayotte

Fraîcheur sous les tropiques

Sur une île de Mayotte soumise à de nombreux aléas et exposée à un climat tropical humide, le collège de Bouéni conjugue les avantages d'une approche bioclimatique globale. *«Nous sommes partis d'une analyse fine du contexte géographique, topographique, climatique et botanique pour proposer une conception parfaitement adaptée et intégrée au site*, explique Antoine Perrau, l'un des fondateurs de Lab Réunion. *Notre architecture passive utilise au mieux les vents dominants et privilégie la ventilation naturelle. Pour cela, les bâtiments sont orientés nord/sud, présentent une alternance de vides et de pleins et sont de faible épaisseur.»* La construction sur pilotis favorise la circulation de l'air et des patios sont équipés de puits dépressionnaires.
Une abondante ceinture végétale apporte ombre et fraîcheur. L'approche paysagère met en valeur des arbres fruitiers et des baobabs remarquables.

◂ L'intégration du collège sur ce site exceptionnel est remarquable.
▾ Des brise-soleil préservent de la chaleur.

FICHE TECHNIQUE

Conception : Lab Réunion
Superficie : 6 764 m²
Coût : 18,6 M€ HT
Livraison : octobre 2019 (tranche 1)

◂ Une riche ceinture végétale comportant de vieux baobabs apporte ombre et fraîcheur.

École maternelle Fuji près de Tokyo

Les enfants courent sur le toit !

Pensée comme un terrain de jeu avec son toit ovale et ses arbres qui poussent à travers les classes, l'école maternelle Fuji accueille 500 enfants près de Tokyo. Point de frontière entre intérieur et extérieur : les classes s'ouvrent sur la cour.

Ce village ludique encourage la créativité des enfants et développe leur autonomie : *«Inutile de vouloir surprotéger les enfants*, explique l'architecte Takaharu Tezuka. *Ils ont besoin d'une petite dose de danger, de tomber, de se faire parfois un peu mal. Chaque écorchure est une occasion d'apprendre, chaque situation compliquée est une occasion de s'entraider.»* De nombreux dispositifs incitent donc les enfants à prendre la pleine mesure du danger à travers l'expérimentation physique.

Le périmètre du toit s'étire sur 183 mètres. Sa forme incite les enfants à se déplacer, sans même qu'ils ne s'en rendent compte.

FICHE TECHNIQUE

Conception : Tezuka Architects
Superficie : 1304 m²
Livraison : 2007

▾ Zone de lavage avec robinets pour arroser les copains.

Be Happy

Rénovation du collège Anne-Frank à Antony

L'esprit critique de Nouvel réactivé

Quarante ans après sa construction par Jean Nouvel, le collège Anne-Frank d'Antony (Hauts-de-Seine) fait l'objet d'une rénovation thermique et architecturale. «*Nous allons revitaliser certaines zones qui avaient perdu leur identité au fil des transformations,* explique Raphaël Renard, co-fondateur de l'agence Mars Architectes. *Pour améliorer le confort, nous agrandissons les classes qui seront desservies par de vastes couloirs baignés de lumière naturelle. Le grand défi de ce projet est d'assurer une isolation thermique par l'extérieur en préservant le caractère patrimonial.*» Cette œuvre de jeunesse de Jean Nouvel était à l'époque un audacieux manifeste critiquant l'aberration d'un système constructif orienté vers la productivité.

«*Nous allons réactiver ce regard critique en déclinant le caillebotis sur la façade,* poursuit Raphaël Renard. *Chaque plaque reprend les dessins qui apparaissaient à l'origine sur le béton. Le recours à la sérigraphie sur de vastes baies vitrées permet de conserver l'intensité des couleurs primaires tout en améliorant la luminosité intérieure.*»

FICHE TECHNIQUE

Rénovation : Mars Architectes
Superficie : 6200 m²
Livraison du collège rénové : 2023
(collège livré à l'origine en 1980
par Jean Nouvel)

▾ Le collège gagne en confort
sans perdre son identité.

◀ Couloirs et salles de classe sont élargis. La couleur et la lumière naturelle sont omniprésentes.
▼ Recours au caillebotis pour réinterpréter la façade dans l'esprit de Jean Nouvel.

École maternelle La ruche de Perthes-en-Gâtinais

Un hameau féérique dans la nature

À chaque classe sa propre maisonnette en bois. Elles ont beau être identiques, les enfants repèrent facilement leur lieu de vie grâce à une signalétique rappelant les insectes peuplant le parc naturel régional du Gâtinais français, dont la commune de Perthes fait partie : coccinelle, hanneton, libellule et abeille. Située en centre-bourg, cette école «ruche» semble avoir été conçue au milieu des bois: *«l'idée était de venir habiter le paysage,* explique Moïse Boucherie, l'un des fondateurs de l'agence Tracks. *Ce grand linéaire de 80 m s'étire en fond de parcelle pour laisser la part belle à un grand espace boisé.»*

Ossature bois, menuiseries bois, bardage bois et laine de bois comme isolant : l'école est entièrement conçue en matériaux biosourcés qui limitent le bilan carbone, garantissent d'excellentes performances thermiques et participent à cette ambiance unique. Orientées nord-est, les salles de classe bénéficient d'une lumière naturelle directe durant les toutes premières heures de la matinée grâce à de larges ouvertures qui semblent faire pénétrer les arbres jusqu'à l'intérieur. Des ouvrants en toitures complètent ces apports lumineux et permettent d'organiser une ventilation naturelle très efficace.

FICHE TECHNIQUE

Conception : Tracks Architectes
Superficie : 815 m² + 1000 m² en extérieur
Coût : 1 890 000 € HT
Livraison : septembre 2018

Les classes s'inscrivent dans le paysage boisé comme un ensemble de cabanes préservées.

◂ La hauteur libre des classes offre de généreux volumes et favorise une bonne qualité de l'air intérieur.

Groupe scolaire de la biodiversité à Boulogne-Billancourt

Coiffé d'une prairie extraordinaire

Issu d'une réflexion particulièrement innovante menée par l'agence Chartier Dalix Architectes, ce groupe scolaire de 18 classes réalisé à Boulogne-Billancourt (Hauts-de-Seine) se fond dans son enveloppe «vivante». Les trois niveaux de toiture accueillent un véritable écosystème urbain : une nature primitive qui se prolonge dans la texture même d'un mur d'enceinte habité par les fleurs sauvages, les passereaux, mésanges bleues et autres rougequeues noirs. Le bâtiment devient ainsi un paysage en hauteur dans lequel cette nature prend le temps de se développer librement. Une telle immersion dans la biodiversité ne peut que stimuler les échanges et éveiller la conscience environnementale des enfants. L'équipe pédagogique s'est immédiatement emparée de ce jardin extraordinaire pour expérimenter d'autres façons d'enseigner.

«Derrière cette réflexion sur la cohabitation avec les autres formes du vivant, il y a le secret espoir que cela nous aidera à cultiver davantage de tolérance vis-à-vis d'autrui», explique Pascale Dalix.

◂ La grande prairie qui s'étend sur les trois niveaux de toit crée un vaste espace de jeu et d'apprentissage pour les enfants.
▾ Les parois en béton de l'école accueillent le vivant : flore et faune.

FICHE TECHNIQUE

Conception : Chartier Dalix Architectes
Superficie : 6 766 m²
Coût : 18 M€ HT
Livraison : 2015

Fabrice d'Orso et les Éditions PC remercient chaleureusement Philippe Pelletier, président du Plan Bâtiment Durable, qui signe la préface, ainsi que les experts, associations, élus, architectes, photographes, et toutes les personnes qui ont répondu favorablement à nos diverses sollicitations. L'ensemble de ces contributions ont permis d'enrichir le propos de cet ouvrage.

Un grand merci également aux sociétés ACTIS, ENGIE, FRANCE AIR, GRDF, VELUX qui par leur soutien ont rendu possible cette publication.

ACTIS
INNOVER POUR MIEUX ISOLER

ENGIE Solutions

France Air
Les Architectes de l'Air

GRDF
Choisir le gaz,
c'est aussi choisir l'avenir

VELUX®

– Photo de couverture et p. 16, 17, 26, 46, 68, 70, 71 :
JJW Arkitekter / photos ©Torben Eskerod
– p. 10, 22 : Fabrice d'Orso
– p. 12 : Pexels / Max Fischer
– p. 13 : Technal – Photographe Kevin Dolmaire
– p. 18 : Cédric Bérieau – Imagizz
– p. 25, 40 : Éditions PC
– p. 29, 30, 33 : Photos © Xavier Boymond
– p. 32 : Ville de Rosny-sous-Bois
– p. 35 : https://www.alethia.fr/
– p. 37, 39 : DR
– p. 38 : Wikimedia Commons CC-BY-SA-3.0
– p. 41 : Pixabay / Mylene2401
– p. 44, 45 : agence Guinée*Potin / Mattie Le Voyer
– p. 47, 48 : Lacube Architectes / Photos © Florence Vesval
– p. 50, 51 : Frederik Beyens
– p. 54 : Emeline Bailly
– p. 58, 84, 85 : Photos Tezuka Architects
– p. 61 : Wikimedia Commons CC BY-CC BY-SA 4.0
– p. 62 : Mue Atelier d'Architecture / Photo © Arnaud Schelstraete
– p. 64 : Mue Atelier d'Architecture / Photo © Adrien Buchet
– p. 69 : JJW Arkitekter / Photo © Dragor Luft
– p. 72, 73 : Graal Architecture © Photos David Foessel
– p. 74, 75 : WRA © Photos Nicolas Grosmond
– p. 76, 77 : © akla architectes
– p. 78 : Duncan Lewis / Scape Architecture © Photo Cyrille Weiner
– p. 79 haut : Duncan Lewis / Scape Architecture
© Photo movingscape
– p. 79 bas : Duncan Lewis / Scape Architecture
© Photo www.couloir3.com
– p. 80 à 83 : Lab Réunion © Photos AERIS Image
– p. 86, 87 : Mars Architectes
– p. 88, 89 : Tracks Architectes © Photos Guillaume Amat
– p. 90 à 93 : Chartier Dalix / Photos © Takuji Shimmura sauf p. 91 :
Photo © Myr Muratet

EDITIONS PC

Philippe Chauveau
Suivi éditorial: Maguelone Roch
Direction artistique / suivi et coordination: Gaëlle Cochard
Mise en pages / exécution graphique: Louise Ho Chang
21, rue Ernest Cognacq – 92300 Levallois-Perret
Tél.: +33 (0)1 42 73 60 60
contact@editionspc.fr – www.editionspc.fr

Achevé d'imprimer sur les presses de l'imprimerie JOMAGAR
ISBN/EAN: 978-2-37819-027-9
Dépôt légal: avril 2022